# Schleswig-Holstein
## Das Land und das Meer

**Anne Leier** arbeitet seit 1966 als Reporterin für Zeitungen und Zeitschriften; u. a. war und ist sie für „Die Welt", das „Zeit-Magazin", „Merian", „Stern" und Publikationen des Schleswig-Holsteinischen Zeitungsverlags tätig. Zahlreiche Buchveröffentlichungen zu Norddeutschland. Anne Leier lebt heute als freie Autorin in Hamburg und Ostholstein.

**Heinz Teufel**, geboren 1949, Studium an der Fachhochschule für Gestaltung in Kiel. Tätig als Landschaftsgestalter, Bildhauer und Fotograf. Fotografische Workshops für die Firma Leica. Zahlreiche Ausstellungen sowie Zeitschriften- und Buchveröffentlichungen. Ausgezeichnet für die bestfotografierte „Geo"-Geschichte der ersten 20 Jahre.

**Bibliografische Information der Deutschen Nationalbibliothek**
Die Deutsche Nationalbibliothek verzeichnet diese Publikation in der Deutschen Nationalbibliografie; detaillierte bibliografische Daten sind im Internet über http://dnb.d-nb.de abrufbar.

ISBN 978-3-8319-0283-5

© Ellert & Richter Verlag GmbH, Hamburg

3. überarbeitete Auflage 2011

**Titelabbildung:** Ostseeküste bei Dänisch-Nienhof (großes Bild), Hamburger Hallig, Schloss Wotersen, Landschaft bei Friedrichskoog
Rückseite: Fachwerkhaus in Sieseby an der Schlei, die Kieler Woche, Salzspeicher in Lübeck (von links nach rechts)

**Bildnachweis:**
Fotos: Heinz Teufel, Eckernförde

Außer:
Archiv Ellert & Richter Verlag, Hamburg: S. 32, 33, 89
© HB Verlag, Hamburg, S. 69 ol.
Hans Joachim Kürtz, Kiel: S. 147, 148
Museum Kellinghusen, Kellinghusen: S. 68
Michael Pasdzior, Hamburg: S. 49, 52, 64/65, 87
Georg Quedens, Norddorf/Amrum: S. 149
Reinhard Scheiblich/Eckardt Opitz, Universität der Bundeswehr, Hamburg: S. 86, 193, 195, 199
Tourist-Service, Ostseebad Schönberg: S. 92

Text und Bildlegenden: Anne Leier, Hamburg
Karte: ADAC Verlag, München
Gestaltung: Büro Brückner + Partner, Bremen
Lithografie: Offset-Repro im Centrum, Hamburg
Satz: KCS GmbH, Buchholz/Hamburg
Gesamtherstellung: Offizin Andersen Nexö Leipzig GmbH, Zwenkau
www.ellert-richter.de

# Schleswig-Holstein
# Das Land und das Meer

Anne Leier/Heinz Teufel

Ellert & Richter Verlag

# Inhalt

# Mehr als Meer

Allein die Insel Sylt besitzt laut jüngster Zählung mehrere Tausend Schafe, die Zahl steigt allerdings erheblich, wenn im Frühjahr die jungen Lämmer geboren werden. Ob an der Nordseeküste, auf den Inseln, in den Kögen oder in den weiten Wiesen der Geest: Die Schafe gehören zu Schleswig-Holstein und strahlen jene Ruhe aus, die viele Menschen im nördlichsten Bundesland suchen. Zudem erfüllen sie wichtige Aufgaben: Mit ihren Hufen stampfen sie das Marschland fest und sorgen durch ständigen Verbiss dafür, dass das Gras auf den Deichen dicht und kurz bleibt.

At the last count, the island of Sylt alone had several thousand sheep, though the number rises considerably when the lambs are born in spring. Whether along the North Sea coast, on the islands, in the polders or in the wide-open spaces of the coastal moorland, sheep are part of Schleswig-Holstein and exude the peace that many people in Germany's northernmost federal state hanker for. In addition, they fulfil an important task: by stamping the marsh firm with their hooves, they ensure that the grass on the dykes remains thick and short.

„Jeder hat sein Privat-Deutschland. Meines liegt im Norden", schrieb Kurt Tucholsky und rühmte die See, wo „schon Kilometer vorher jeder Pfahl, jedes Strohdach plötzlich eine tiefere Bedeutung haben".

Schleswig-Holstein meerumschlungen als Gegenstand dichterischer Lobeshymnen? Theodor Storm verwandte einen Weichzeichner mit viel Grau, Thomas Mann mäkelte ganz schön herum an dem Lebensgefühl der Lübecker, und Friedrich Hebbel fegte fast jede Idylle vom Tisch. Aber auch die anderen waren meist keine Eichendorffs, die schwärmerische Worte fanden über den Landstrich, dem sie entstammten. Jedes Land hat seine Dichter. Schleswig-Holstein macht da keine Ausnahme, zum Glück.

Was ist es denn überhaupt für ein Land, das sich da oben zwischen den Meeren ausdehnt? Eine Brücke zwischen dem restlichen Deutschland und Dänemark, das einmal ein Weltreich war, ein seltsames Gebilde, das ständig Boden abtreten muss an das Meer, das ihm aber auch durch Eindeichung wieder Land abnimmt in den Kögen. Das sich einen Himmel leistet, der nachweislich höher, viel höher ist als anderswo, der die Menschen krank macht oder hysterisch glücklich, der Schauspiele liefert, von denen jeder Filmregisseur nur träumen kann. Zwei Meere, die Inseln, die Seen, das Watt – kein anderes Bundesland hat eine solche Vielfalt zu bieten, nirgendwo sonst richtet man sich so sehr in Gegensätzen ein. Denn tatsächlich fehlt außer den Bergen ja nichts. Die Nordsee zieht sich mit ihrer Küstenlinie von Brunsbüttel bis nach List auf Sylt hin, mit Inseln und den Halligen davor, auf denen die Einsamkeit zu Hause zu sein scheint und die dann doch überraschen mit knallblauen Sommertagen, mit Wäsche auf der Leine und Malven am Haus. Die Menschen sind dort geblieben, auch wenn es noch so oft „Land unter" hieß.

Auf der anderen Seite die sanfte Variante von Meer, grünrandige Ufer, sich kräuselnde Förden und Strände, an denen immer Sonntag zu sein scheint. Die Ostsee als eine riesige Badewanne schafft Kinderglück, das jedem, der es genossen hat, ein Leben lang ein besonderer Besitz ist. Doch in Schleswig-Holstein knirscht nicht allein der Sand zwischen den Zähnen, da taucht man nicht nur in Salzwasser ein: Die Holsteinische Schweiz ist Seenland ebenso wie das

„Rodegrütt, Rodegrütt, kick mol, wat lütt Hein hüt itt ...", dichtete der in Reinfeld geborene Matthias Claudius beim Anblick des landestypischen Desserts. Die Rote Grütze wird aus den frischen Sommerbeeren gekocht. Dazu gibt es dickflüssige Sahne, aber auch Vanillesoße ist als modernere Garnierung erlaubt.

"Rodegrütt, Rodegrütt, kick mol, wat lütt Hein hüt itt ..." (Red gruel, red gruel, look what little Hein is eating), wrote the Reinfeld-born poet Matthias Claudius on seeing the typical regional dessert. Rote Grütze, a kind thickened soup, is made from fresh summer berries. It is traditionally served cold with thick pouring cream, though vanilla sauce is allowed as a modern accompaniment.

Herzogtum Lauenburg, das sich zwischen die Elbe und Lübeck schiebt. 200 Seen hier, 40 dort, und zwischen ihnen immer wieder Buchenwälder, die zu den schönsten in Deutschland gehören – „Feierabendlandschaften" eben. Ja, und wer dann noch Heide sucht, Moore, Bruchwälder und verwunschene Auen, für den gibt es die sandige Geest, die sich als geselliger Landesteil auf dem Rücken Schleswig-Holsteins erstreckt, immer der Kommunikation dienend, da man hier die großen Straßen entlanggeführt hat.

Und was ist mit den Städten? Metropolen von Weltrang wird man vergebens suchen, auch wenn es mit Kiel natürlich eine Landeshauptstadt gibt und Lübeck ein siebentürmiges Wunder ist. Nur diese beiden Städte überschreiten mit ihrer Einwohnerzahl die 100 000-Marke, viele kommen nicht einmal über 4000 Einwohner hinaus, Arnis als die kleinste kann sowieso nur 350 Bürger auf die

Beine bringen. Aber was ist Größe gegen diese Beschaulichkeit, diese Intimität, die aus der Anordnung der Häuser erwächst, der Kirchen und Klöster, der Häfen und Plätze? Der Backstein wurde hier, wo es weder Sandstein noch Schiefer oder Marmor gab, auf so vielfältige Art verwendet, dass Meisterwerke entstanden – wie das Heiligen-Geist-Hospital in Lübeck und das Flensburger Nordertor, der Ratzeburger Dom und die Kirche in Wesselburen. Dass es daneben aber auch sechs prunkvolle Schlösser gibt, von denen die in Ahrensburg und Glücksburg am berühmtesten sind, lässt eine Reise auch für den Kunstfreund zum Erlebnis werden. Als einzigartig gelten auch die 150 Herrenhäuser mit ihren Gärten und Parks, die mancherorts in einer solchen Dichte vorkommen, dass man in der Region zwischen Plön und Oldenburg sogar vom „Grafenwinkel" spricht. Und es ist sicherlich kein Zufall, dass gerade hier das Schleswig-Holstein Musik Festival eine erhebliche Zahl seiner Spielstätten fand. In Herrenhäusern und Scheunen, in Kirchen und Rathausdielen findet das

sommerliche Musikfest statt, das wie kein anderes neueres Musikfestival zu Ruhm gekommen ist.

Aber auch von den Farben muss die Rede sein, die nicht allein auf den Bildern von Emil Nolde so ganz anders sind, als man sich gemeinhin das Land zwischen den Meeren vorstellt. Denn

Ein bisschen Ballast brauche man schon im Land der vielen Stürme, meinen die Einheimischen und erklären so ihre deftige Kost. Als wahre Delikatesse gelten die Schinken und Würste, die nach alter Tradition – hier in einer Räucherei bei Gettorf – geräuchert werden. Mindestens ein Vierteljahr geht ein echter Katenschinken in den Rauch. Geräuchert wird nur im Winter. Das ganze Jahr über aber schmeckt diese holsteinische Delikatesse, die zu Spargel, zu Bratkartoffeln oder auf Vollkornbrot gegessen wird.

In a region of many storms you need something substantial in your stomach, say local people, explaining their substantial cuisine. Ham and sausages smoked in the traditional way are regarded as a real delicacy. A proper Katenschinken ham spends at least three months in the smoking-shed before it has developed its full taste. Winter is the smoking season, but this Holstein delicacy, eaten with asparagus, fried potatoes or on wholemeal bread, tastes good all year round.

wie ist es im Frühling in Keitum, wenn die Gärten von Osterglocken überquellen, oder im Mai an der Schlei, wenn sich der blühende Raps leuchtend gelb zwischen das Grün der Roggenfelder und das Blau des Wassers schiebt? Welche Harmonie geht von den abgestuften Gelb- und Brauntönen der reifen Felder aus und welchen Farbenrausch kann man im Herbst am Uklei-See erleben, wenn der Buchenwald den „Indian summer" nach Holstein holt! Und dass der Winter eigentlich nirgends schöner ist als etwa in der Probstei, wenn irgendwo am Ende eines endlosen Feldes ein Haus auftaucht, dessen reetgedecktes Dach sich tief zur Erde hinunterzieht, das weiß jeder, der einmal in dieser Zeit unterwegs war. Denn es sind ja gerade die sparsamen Schattierungen, die faszinieren, die violetten und smaragdgrünen Kohlfelder in den Dithmarscher Kögen oder das Watt mit seiner Skala von tiefstem Braun bis zum blassesten Rosa –

Pastellfarben, die auch einem Regentag noch seinen Zauber geben.

Das Land kennt ja nicht nur sommerselige Tage, und die Menschen sind geprägt von der Unberechenbarkeit der Natur, von Einsamkeit, von Stürmen und den damit verbundenen Schicksalsschlägen. Mit der Weite des Landes haben sich die Menschen immer auf ihre Art abgefunden. Sie gelten als schweigsam, doch wer sie näher kennenlernt, wer auf Föhr oder in Kellinghusen, in Eutin oder Husum mit den Einheimischen feiert, wird dieses Vorurteil nicht bestätigen. Zum Land gehören seine traditionsreichen Feste, wie Gilde- und Schützenfest, Ringreiten und Biikebrennen, und da fließt nicht nur der Köm in Strömen, da lockert sich auch die Zunge, und der Tag kann gar nicht lang genug sein.

Ein Land der Bauern und Fischer war Schleswig-Holstein immer, doch heute ist der Fremdenverkehr als beherrschender wirtschaftlicher Faktor hinzugekommen. Dass die Menschen nicht nur die heißen Tage am Strand und die „Pranken-

schläge des Meeres" suchen, sondern auch die unberührte Natur, hat sich längst gezeigt. Die Niederungen der Eider bei Bergenhusen mit nistenden Störchen auf dem Dach, die Naturparks mit ihren Seen und Wäldern, immer wieder das Watt, aber ebenso Sylt und seine Wanderdünen – wer nach Schleswig-Holstein reist, sucht mehr als das Meer. Die Schleswig-Holsteiner wissen ohnehin, warum sie hier leben. „East-West – to Hus is best."

Das Krabbenpulen will gelernt sein, und nicht jeder hat dafür einen solch idyllischen Platz. Wer die Krabbe an Kopf- und Schwanzende anfasst und die Schale mit Gefühl gegeneinander dreht, kommt an das ersehnte Fleisch heran. Ob als Suppe, auf Rührei, als Ragout oder einfach nur auf einem Brötchen genossen: „Das Gold der Nordsee" schmeckt immer nach Meer.

Peeling shrimps is a skill that has to be learned, and not everyone has such an idyllic place in which to do it. The way to get at the sought-after meat is to grasp the shrimp by head and tail and twist the shell in opposite directions with feeling. Whether in soup, with scrambled eggs, as a ragout or simply in a bread roll, "the North Sea gold" always tastes of the sea.

Kein anderer Badeort
besitzt einen solchen
Strand wie das auf der
Halbinsel Eiderstedt gelegene St. Peter-Ording.
Die endlos erscheinende
Sandbank, die sich vor
Deichen, Dünen und
amphibischer Watten-
landschaft erstreckt, ver-
lockt zum Strandsegeln,
aber auch zu geruhsamen
Spaziergängen oder zu
einem Ausritt in der
Abendsonne.

No other bathing resort
has a beach to rival that
of St Peter-Ording on the
Eiderstedt peninsula.
The seemingly endless
sandbank stretching out
in front of dykes, dunes
and amphibian mudflat
scenery is an inviting
place for sand-yachting,
but also for leisurely
walks or a ride into the
evening sun.

Eine Wattwanderung weckt alle Sinne: Während man den Wind auf der Haut spürt und den Geruch von Tang und Salz wahrnimmt, sacken die nackten Füße mit leichtem Glucksen in den weichen Schlickboden ein. Der Blick gleitet – wie hier bei Büsum – über das Riffelwatt bis hin zum Horizont. Beinahe unvorstellbar, dass ein paar Stunden später wieder das Wasser aufrollt, im ewigen Gleichmaß von Ebbe und Flut. In Büsum gibt es an schönen Tagen das Wattenlaufen mit Musik. Angeführt von der Kurkapelle, wandert man bis zum Flutsaum, wo man sich mit Nordseewasser taufen lassen kann.

A walk through the mudflats arouses all the senses. As you feel the wind on your face and smell the tang of seaweed and salt, your bare feet sink into the soft oozy ground with a slight plopping sound. Your eyes roam – as here near Büsum – across the rippled mudflats as far as the horizon. It is hard to believe that a few hours later the water will roll over it again, in the eternal rhythm of high and low tides. On fine days, Büsum offers a musical walk through the mudflats. Led by the local band, you walk to the edge of the water, where you can be baptised with North Sea water.

Wo heute die Halligen
im Wattenmeer aufragen,
gab es noch vor tausend
Jahren festes Land. Der
Anstieg des Meeres-
spiegels und verheerende
Sturmfluten haben den
Küstenstreifen ver-
schwinden lassen, und
aus dem Meer wuchsen
in Jahrhunderten dann
durch Schlickablagerun-
gen wieder die Halligen
empor, die sich heute so
wehrhaft gegen die
Fluten behaupten. Nur
die Hamburger Hallig
besitzt eine feste Verbindung mit dem Festland.
Für die weidenden
Schafe hat man mit dem
„Schafberg" eine künst-
liche Warft geschaffen,
auf der sich die Tiere bei
Sturmflut in Sicherheit
bringen können.

Where the small offshore
islands known as Halli-
gen rise out of the mud-
flats was firm marshland
1,000 years ago. The rise
in sea level and devastat-
ing flood tides made the
coastal strip disappear.
Over the centuries, silt
deposits led to the for-
mation of the Halligen
which now steadfastly
withstand the floods.
Only Hamburger Hallig
has a permanent link
with the mainland. The
artifical mound of earth
known as the Schafberg
(Sheep's Hill), was created specially for grazing
sheep, which can climb it
to safety when there is a
flood tide.

Die Gutslandschaft hat den Osten des Landes geprägt. Riesige Felder – hier mit Raps bestellt – dehnen sich im „Grafenwinkel" unter einem hohen Himmel aus. Der im Hintergrund sichtbare Passader See gehört zu den stillsten Gewässern im Land. An seinen Ufern liegen die Dörfer Wulfsdorf und Passade. Unter den Herrenhäusern im Umkreis nimmt vor allem Rastorf eine Sonderstellung ein. Hier triumphiert die ganze Gutsanlage im bewegten Barock.

The east of the state is characterised by country estates. Gigantic fields – like the fields of rape in the picture – spread beneath an unbroken sky in this "counts' corner." Lake Passade in the background is one of the state's quietest stretches of water. On its banks are the villages of Wulfsdorf and Passade. Among the manor houses in the surrounding area, Rastorf above all has a special place. The whole complex is a triumphant example of ornate Baroque.

17

Was bei der Fahrt durch Angeln und Schwansen immer wieder überrascht, ist die Harmonie zwischen Natur und Baukunst. Meisterhaft wurden die Guts- und Herrenhäuser (auf dem Foto Bienebeck) in die Landschaft hineinkomponiert. Statt kunstvoll gestalteter Blumenrabatten nutzte man Wasser, Bäume und Wiesen als Gartengestalter. Wenn der Herbst dann noch seine Farben spielen lässt, erlebt man die so oft gepriesene Vollkommenheit der schleswig-holsteinischen Herrenhaus-Architektur.

On a journey through Angeln and Schwansen you are surprised time and again by the harmony of nature and architecture. The manor houses and stately homes (like Bienebeck in the photograph) were integrated into the landscape in masterly fashion. Instead of artistically laid-out flower beds, use was made of water, trees and meadows to shape the gardens. When autumn is still flaunting its colours, the much-praised perfection of Schleswig-Holstein's country-house architecture can be appreciated to the full.

Wenn alljährlich im Juni zur Kieler Woche, dem „größten Seglerfest der Welt", Jachten verschiedenster Bootsklassen gegeneinander antreten, geraten mit den mehr oder minder prominenten Gästen aus dem In- und Ausland auch die Bewohner von Schleswig-Holsteins Landeshauptstadt in den Regatta-Rausch.

Every year in June, when yachts of various classes compete with each other during Kieler Woche (Kiel Week), "the world's biggest yachtsmen's festival," the people of Schleswig-Holstein enjoy the thrills of the regatta along with well-known and lesser-known guests from Germany and abroad.

Der Frühling legt einen
Schleier von Schlehdorn-
blüten über die Knicks.
Die bewachsenen Erd-
wälle gehören nicht nur
zum Landschaftsbild des
östlichen und mittleren
Schleswig-Holsteins, sie
dienen auch als Schutz-
barrieren gegen Wind
und Erosion. Vor
200 Jahren wurden die
„lebenden Zäune" ange-
legt, damit das Vieh auf
der Weide gehalten wer-
den konnte. In der
weitläufigen Felderwirt-
schaft erfüllen sie eine
wichtige ökologische
Funktion: Vielen Tieren
und Pflanzen sichern sie
als „Natur-Inseln" heute
den Lebensraum.

Spring lays a veil of
blackthorn blossom on
the "Knicks." These
walls of earth covered
with vegetation are not
just part of the scenery of
eastern and central
Schleswig-Holstein, but
also serve as protective
barriers against wind and
erosion. The "living
fences" were built 200
years ago in order to
keep cattle from straying
away from their pasture.
In the wide-open land-
scape of fields they fulfil
an important ecological
function as "islands of
nature" that provide a
habitat for many animals
and plants.

Ein Ort für Liebhaber
der schönen Künste ist
Gut Hasselburg, auf dem
im Sommer im Rahmen
des Schleswig-Holstein
Musik Festivals Konzerte
gegeben werden. Das
spätbarocke Torhaus
stimmt mit seiner harmo-
nischen Fassadengliede-
rung und dem geschwun-
genen Schieferdach auf
den Musikgenuss ein.

Hasselburg Manor,
where concerts are held
in summer as part of the
Schleswig-Holstein
Music Festival, is a place
for lovers of the fine arts.
With its harmoniously
proportioned facade and
sweeping slate roof, the
late Baroque gatehouse
sets the right tone for
musical enjoyment.

Wenn der Schnee Felder und Wiesen bedeckt, dann erscheint das Land – wie hier im Dänischen Wohld – noch endloser. Sträucher und Zäune werden zu Markierungspunkten in der nordischen Szenerie. Vereinzelt scharren Schafe nach Gras. Die Einheimischen lieben die Zeit der Stille. Dann ruht die Arbeit auf den Feldern und in den Gärten, man feiert die traditionellen Feste und bringt deftige Gerichte wie Grünkohl und Rübenmus auf den Tisch.

When fields and meadows are covered in snow the countryside – like here in the Dänischer Wohld – seems even more endless. Shrubs and fences become landmarks in the Nordic scenery. The odd sheep scrapes in search of grass. Local people love this quiet time, when there is a rest from work in fields and gardens, traditional feasts are celebrated and hearty dishes such as kale and mashed swede are served.

# Das Herzogtum Lauenburg und Stormarn

Der heute auch von den Wassersportlern genutzte Elbe-Lübeck-Kanal ging aus dem mittelalterlichen Stecknitzkanal hervor. Im Jahr 1900 wurde die einstmals 93 Kilometer lange Wasserstraße auf 67 Kilometer verkürzt, die Zahl der Schleusen auf sieben begrenzt. Was bleibt, ist der Respekt vor der großen Ingenieurleistung, die am Ausgang des 14. Jahrhunderts den Bau der ersten künstlichen Wasserstraße Deutschlands ermöglichte.

The Elbe-Lübeck Canal, nowadays also used by water sports enthusiasts, is the successor to the mediaeval Stecknitz Canal. Once 93 kilometres long, in 1900 the waterway was shortened to 67 kilometres and the number of locks reduced to seven. What remains is respect for the great feat of engineering which made it possible to build Germany's first artificial waterway in the late fourteenth century.

Kein Meer, keine Sturmfluten und keine Touristeninvasion: Der Blick auf die Landkarte zeigt, dass man im Herzogtum Lauenburg im gemütlichen Abseits lebt. Mit mehr als 40 Seen, mit Herrenhäusern und Alleen, weiten Feldern und blühenden Knicks, Flüssen, Bächen und nicht zuletzt dem größten Waldgebiet Schleswig-Holsteins ist das einstige Herzogtum eine Landschaft, die an die heile Welt in Kinderbüchern erinnert. Behäbig liegen die Bauernhöfe da mit ihren wuchtigen grünen Scheunentoren, den Windfahnen auf dem Dach und den Rosen vor der Tür, und den Seen, mögen die in der Holsteinischen Schweiz auch zahlreicher und erhabener sein, haftet hier etwas an, was mit dem Begriff „altmodisch" vielleicht am besten umrissen ist. Der alte Herr im Kaffeegarten in Seedorf am Schaalsee genießt den Sommertag mit der gleichen Gelassenheit wie die Kinder, die nach einer Stunde geduldigen Ausharrens auf dem Steg endlich einen Fisch in ihrem Kescher gefangen haben. Weit draußen profitiert ein junges Paar in einem Ruderboot auf seine Weise von der Weitläufigkeit dieser Wasserwelt.

Natur und Kultur sind im Herzogtum Lauenburg seit jeher eine geradezu ideale Verbindung eingegangen, nicht zuletzt dank immer neuer Denkanstöße, die das Auf und Ab der Geschichte herangetragen hat. Keine Gegend in Schleswig-Holstein ist von so vielen verschiedenen Herren regiert worden wie das Herzogtum Lauenburg, das als einziger Landkreis auch heute noch einen adeligen Namen trägt.

### Ein Welfe prägte das Herzogtum

Die Geschichte des Herzogtums ist eng mit der Biografie Heinrichs des Löwen (1129–1195) verbunden, dessen Expansionsgelüste sich auch auf das jenseits der Elbe gelegene Nordalbingien richteten. Drei große Dome hat er in Ratzeburg, Schwerin und Lübeck gegründet, er holte Siedler und Klosterbrüder heran und gab seine Tochter dem slawischen Fürsten Pribislaw zur Frau. Seine Weigerung, Barbarossa auf dessen Italienfeldzug zu begleiten, kostete ihn 1180 Land und Besitz, und nur das Eigengut Braun-

schweig-Lüneburg blieb seinen Nachkommen erhalten. In den Gebieten jenseits der Elbe traten die aus dem Harzvorland stammenden Askanier die Herrschaft unter einem neuen Namen, dem der Herzöge von Lauenburg, an. Bis 1689, als der letzte Herzog ohne männliche Erben starb, haben sie das Land regiert. Danach wurde es den Welfen nach hartem Machtpoker zurückgegeben, die es – sieht man von dem napoleonischen Zwischenspiel ab – 126 Jahre behielten, auch in der Zeit, als Hannover mit England in Personalunion vereinigt war. Nach einem Beschluss des Wiener Kongresses fiel das Herzogtum 1815 dann dem dänischen König zu, der es nach der Niederlage im Krieg gegen Preußen und Österreich 1864 für 2,5 Millionen Mark an Preußen abgab.

1871 erhielt Otto von Bismarck für seine Verdienste um das Deutsche Reich den 7000 Hektar großen Sachsenwald und später auch den Titel eines Herzogs von Lauenburg, den er allerdings nie getragen hat. Ab 1876 bildete das einstige Herzogtum in der preußischen Provinz Schleswig-Holstein einen Landkreis, und auch nach Gründung des Bundeslandes Schleswig-Holstein 1946 hat sich der Kreis Herzogtum Lauenburg eine gewisse Selbstständigkeit bewahrt. Die Elbe war immer der Lebensstrom, über den das Herzogtum mit wichtigen Machtzentren verbunden war.

### Die „nasse" Salzstraße

Einen Hügel auf dem steil aufragenden Geestplateau im heutigen Lauenburg wählten die Askanier 1181 als Bauplatz für eine Burg, von der aus der Schiffsverkehr bestens kontrolliert werden konnte. Die Schifffahrt bescherte auch der am Wasser gelegenen Siedlung bald einigen Wohlstand, zumal die Salztransporte von Lüneburg nach Lübeck an Lauenburg vorbeigeführt wurden. Mit dem zwischen 1391 und 1398 vom Lauenburger Herzog erbauten und von den Lübecker Kaufleuten bezahlten Stecknitzkanal kam dann die „nasse Salzstraße" dazu, mit deren Hilfe ganz andere Mengen von „weißem Gold" auf den Salzbarken nach Lübeck geschafft werden konnten.

Der Stecknitzkanal war als erster Wasserscheidekanal Europas ein Wunderwerk der Technik. Man verband dabei die Stecknitz, einen kleinen Nebenfluss

der Trave, durch einen „Kanal" von elf Kilometer Länge mit der bei Lauenburg in die Elbe mündenden Delvenau und baute die beiden kleinen Flüsse so aus, dass eine durchgehend schiffbare Verbindung zwischen Lüneburg und Lübeck entstand. Nicht weniger als anfangs zwölf, später 17 Schleusen überwanden den erheblichen Höhenunterschied. Heute erinnert ein im ehemaligen Rathaus eingerichtetes Elbschifffahrtsmuseum an die große Zeit, in der auch die Lauenburger von dem überaus regen Verkehr auf dem Wasser profitierten, wobei sich die Stadt Lübeck den Besitz der Stecknitz-Schiffe immer vorbehielt.

Im 19. Jahrhundert verlor der Kanal mit der Einführung neuer Verkehrswege seine Bedeutung – 1900 trat der im alten Bett erbaute Elbe-Trave-Kanal (heute Elbe-Lübeck-Kanal) seine eher beschauliche Nachfolge an. Dank der Elbe blieb das auch auf Hamburg ausgerichtete Lauenburg, dessen Unterstadt sich halsbrecherisch nah an das Ufer herangewagt hat, eine Schifferstadt. Reich verzierte Fachwerkhäuser aus dem 16. und 17. Jahrhundert säumen die Kopfsteinpflasterstraßen, man hört das Stampfen der vorbeiziehenden Schiffe, und immer wieder blitzt das Wasser am Ende der engen, zur Elbe führenden Gassen auf. Von der einstmals so mächtigen Burg steht heute nur noch ein Turm. Der Blick aber, den man von hier aus hat, erklärt, warum so viele Potentaten die Hände begehrlich nach Lauenburg ausgestreckt haben.

### Unter Lübecks Schirmherrschaft: Mölln

Die Straße, auf der das „weiße Gold" auf dem Landweg nach Lübeck geschafft wurde, führte über Mölln. Als einzige Stadt im Herzogtum, die direkt am alten Handelsweg lag, profitierte Mölln von den durchziehenden Transporten und präsentiert sich heute mit Rathaus, Gerichtslaube, Stadtkirche und den Fachwerkhäusern am Markt als mittelalterliches Genrebild. Der „Stadthauptmannshof" erinnert allerdings an einen

seltsamen Handel, denn im Jahr 1359 verpfändeten die Herzöge des Hauses Sachsen-Lauenburg die gesamte Stadt an das reiche Lübeck und strichen dabei die für damalige Verhältnisse stolze Summe von 9737 Mark und 50 Pfennig ein. Ein Geschäft, das den Bürgern durchaus zum Nutzen geriet, denn unter der Schirmherrschaft des reichen Lübeck lebte es sich besser als im Schatten der meist unter Geldnot leidenden Landesherren. 1683 kaufte der letzte Lauenburger Herzog die Stadt für 90 000 Mark zurück, und Mölln wurde wieder Teil des Herzogtums.

Bei Lauenburg führt eine stählerne Brücke ans gegenüberliegende Ufer und verbindet Schleswig-Holstein mit Niedersachsen. Nur 25 Kilometer sind es von hier aus bis nach Lüneburg, das mit seinen Salzvorkommen einstmals zum Wohlstand der Schifferstadt beitrug.

At Lauenburg a steel bridge leads to the opposite bank, linking Schleswig-Holstein with Lower Saxony. It is only 25 kilometres from here to Lüneburg, whose salt deposits once brought prosperity to the boatmen's town.

Sollte man im Übrigen bei einem Stadtbesuch durch Schellengeläut aufgeschreckt werden und später gar einem Narren im bunten Kostüm begegnen, so hat das seine Richtigkeit. In Mölln lässt man einen seiner Bürger, der als „Till Eulenspiegel" heute weltweit für seine derben Schelmenstreiche bekannt ist, zeitweilig werbewirksam durch die Straßen flanieren. Immerhin soll der historische Eulenspiegel im Jahr 1350 in Mölln an der Pest gestorben sein. Dass er mit seinen verschränkten Parabeln und verqueren Wortwitzen den Menschen den Spiegel vorhielt, hat ihm einen besonderen Platz in der Literaturgeschichte eingetragen. Denn bereits 1515 erschien ein mit Holzschnitten reich bebildertes Volksbuch, das den aus Kneitlingen bei Braunschweig stammenden Narren so berühmt werden ließ, dass man sein vermeintliches Grab bereits im 16. Jahrhundert neugierigen Reisenden als Attraktion zeigte. Heute kann man in Mölln nicht nur Tills Grabstein mit der Inschrift „Ulenspeegel liggt hierunder begraven" bewundern, sondern auch

Für immer zur Heiterkeit verpflichtet: Till Eulenspiegel war ein Schalk, ein Spötter, ein Satiriker, der den Menschen den Spiegel vorhielt. In Mölln soll er 1350 an der Pest gestorben sein. In Bronze gegossen, sitzt er heute auf einem Brunnen, der den Marktplatz der Stadt ziert.

Obliged to remain eternally cheerful: Till Eulenspiegel was a joker, a wit, a satirist who held up a mirror for people to see themselves as they really were. He is said to have died of the plague in Mölln in 1350. Cast in bronze, he now sits on a fountain which adorns the town's market square.

sein bronzenes Abbild auf einem Brunnen am Markt. Und noch ein anderer berühmter Geist leistet dem mittelalterlichen Satiriker Gesellschaft: Der Dramatiker George Bernard Shaw lächelt verschmitzt von einem Porträtrelief zu seinem „Vorfahren" mit der scharfen Zunge hinüber, seit die Stadt Mölln dem irischen Dramatiker 1950 die Ehrenbürgerschaft verliehen hat. Eine Inschrift aus dem Jahr 1587 an einem Fachwerkhaus zeigt aber auch, wie hintersinnig und wahrhaft poetisch die Möllner Bürger selber dachten: „Ich lebe und weis wohl wie lange, ich sterbe und weis wohl wann, ich vahre und weis wohl wohin, mich wundert das ich traurig bin", steht an dem Domizil des Ratsherrn Pelgermann zu lesen.

## Spätromanik in Ratzeburg

Mölln und Ratzeburg sind durch reizvolle Wanderwege miteinander verbunden, ihre Geschichte aber verlief in unterschiedlichen Bahnen. Wo das heutige Ratzeburg liegt, war einst das Zentrum der Polaben, deren Fürst Ratibor der Stadt auch zu ihrem Namen verhalf. Im 11. Jahrhundert kam es dort immer wieder zu Auseinandersetzungen zwischen heidnischen und christlichen Stämmen. Im Jahr 1143 gründete dann Heinrich der Löwe die Grafschaft Ratzeburg und 1160 das Bistum. Bald darauf begann er mit einem mächtigen Dombau. Als dreischiffige gewölbte Pfeilerbasilika zwischen 1160 und 1220 errichtet, steht er noch heute auf der Nordspitze der Stadtinsel als der besterhaltene norddeutsche Kirchenbau der spätromanischen Zeit. „Löwenhaft gelassen liegt der gelblichrote Dom da, ein schlummernder Herrscher, in Mittagszauber erstarrt, ein wenig erhöht über den Dächern und Wipfeln", schrieb die Schriftstellerin Ricarda Huch im Jahr

1927 über den „mehr der Erde als dem Himmel verbundenen" Dom. Im Inneren beeindrucken unter den zahlreichen Kunstschätzen vor allem die Triumphkreuzgruppe, das Passionsrelief im Flügelaltar, die Renaissancekanzel und der Barockaltar.

Als Zeugnis der höfischen Epoche kam das von 1764 bis 1766 erbaute Herrenhaus dazu, das Sitz des mecklenburgischen Dompropstes war. Als Exklave gehörte die „Domfreiheit" lange zum Großherzogtum, später zum Freistaat Mecklenburg-Strelitz, dessen kuriosestes Oberhaupt Adolf Friedrich IV. der

Das Herrenhaus in Ratzeburg wurde von 1764 bis 1766 in unmittelbarer Nähe des Doms erbaut. Seit dem Hamburger Vergleich von 1701 gehörte das Areal zum Herzogtum Mecklenburg-Strelitz. Heute ist in dem später als Dompropstei genutzten Gebäude das Kreismuseum untergebracht.

The manor at Ratzeburg was built between 1764 and 1766 in the immediate vicinity of the cathedral. After the 1701 Hamburg Settlement the area belonged to the Duchy of Mecklenburg-Strelitz. Later used as a cathedral presbytery, the building now houses the county museum.

niederdeutsche Dichter Fritz Reuter in seinem Buch „Dörchläuchting" porträtiert hat. Heute beherbergt das Haus das Kreismuseum, und der Rokokosaal wird als einer der schönsten Festräume des Landes für kulturelle Veranstaltungen genutzt.

Im Übrigen waren Dom- und Stadtbezirk verschiedene Welten, die zeitweilig sogar ein Schlagbaum trennte. Die Stadtinsel besaß einst ein prachtvolles Schloss, das Herzog Georg Wilhelm von Celle-Lüneburg aber im Jahr 1690 abreißen ließ, um auf den Grundmauern eine Festung zu errichten. Sie hat den Dänen allerdings wenig Furcht eingeflößt, denn die „Nordmannen" eroberten Ratzeburg im Jahr 1693 und machten die Stadt nahezu dem Erdboden gleich. Der Dom jedoch widerstand jedem Angriff.

Der Wiederaufbau der Stadt nach klarem geometrischen Konzept beschert ihr bis heute ein vornehm modernes Aussehen, wozu auch die im strengen klassizistischen Stil errichtete Stadtkirche beiträgt. Immer wieder beeindruckend ist das Nebeneinander von Wasseridylle und eleganten Straßenzügen, von romanischer Strenge und kleinstädtischer Verträumtheit. Diese Mischung hat auch Ernst Barlach immer wieder beschworen, wenn er seine in Ratzeburg verbrachten Jugendjahre im „Vaterhaus" geschildert hat. Auf dem Friedhof in der Seedorfer Straße liegt der 1938 gestorbene Bildhauer und Dramatiker unter der Skulptur „Singender Klosterschüler" begraben.

## Naturparadies Schaalsee

Die Wasserlandschaft rund um die Stadt ist mit Ratzeburger See, Dom-, Küchen- und Stadtsee Teil des Naturparks Lauenburgische Seen, der als erster Naturpark Schleswig-Holsteins 1961 unter Schutz gestellt wurde. Der Lüttauer See, der Drüsen- und der Krebssee, der Sarnekower und der Gudower See bilden weiter südlich zusammen mit kleineren Waldseen, mit welligen Feldern und sumpfigen Wiesen eine Landschaft für die Ferien vom Ich. Immer wieder genießt man einen anderen Ausblick, und kleine Badestellen laden zum Baden ohne Eintrittskarte ein.

Als eine Naturoase von besonderer Schönheit gilt der Schaalsee, dessen öst-

liches Ufer bereits in Mecklenburg liegt. Nicht zuletzt die Tatsache, dass mitten durch ihn hindurch 50 Jahre lang die Grenze zur Deutschen Demokratischen Republik verlief, die mit Todesstreifen und Wachtürmen den Tieren und Pflanzen eine Ruhezone garantierte, macht ihn heute zum ökologischen Paradies. Hier nisten Fischreiher und Rohrdommel, seltene Orchideenarten wachsen an den schilfigen Ufern, und selbst der Seeadler steigt zu einsamen Flügen auf. Dass der See, dessen tiefste Stelle von 71,5 Metern ihn zum tiefsten Gewässer in Schleswig-Holstein macht, auch früher schon die Menschen begeistert hat, zeigt ein Blick in die heute fast vergessenen Werke des einst umjubelten Dichters Friedrich Gottlieb Klopstock (1724 – 1803), der ihn als Gast im Herrenhaus Stintenburg im Sommer badend und im Winter Schlittschuh laufend erlebt hat. In seiner Ode „Stintenburg" hat er dem See – „welcher izt breit, dann versteckt ist" – schwelgerisch ein Denkmal gesetzt. Auf schleswig-holsteinischem Gebiet sind es die Dörfer Seedorf und Niendorf, die besonders reizvolle Uferpartien besitzen.

Neben den Städten – empfehlenswert sind auch Geesthacht und Schwarzenbek – sind es ja immer wieder die Dörfer, in denen man gern einkehrt. Breit ausladende Höfe zeigen mit den gekreuzten Pferdeköpfen auf dem Dach, dass man hier dem Wappentier des Herzogtums die Treue hält. Bemerkenswert sind die vielen Kirchen, die vor allem den südlichen Landesteil zu einer weitverzweigten Kunstlandschaft werden lassen. Neben den Feldsteinkirchen in Seedorf und Sterley lohnt „Santa Maria ad fagum" in Büchen den Besuch, eine spätmittelalterliche Wallfahrtskirche, in der Gewölbemalereien aus dem 14. Jahrhundert erhalten sind. In der Breitenfelder Kirche stammen Glasmalereien ebenfalls noch aus gotischer Zeit. Ein besonderes Kleinod ist auch die Kirche in Gudow, denn der romanische Feldsteinbau beherbergt Kunstwerke wie einen barocken Taufengel und ein spätgotisches Kruzifix.

Das Dorf Gudow ist ein beeindruckendes Beispiel für die Siedlungsform der Gutslandschaft. Das Herrenhaus, das unweit der Kirche steht, befindet sich seit 1470 im Besitz der Grafen von Bülow, die bis 1882 das Amt des Erb-Landmarschalls innehatten. 1826 wurde das Haus nach Plänen von Christian Joseph Lillie als spätklassizistischer

Das in unmittelbarer Nähe des Sachsenwaldes gelegene Reinbek war schon immer eine gute Adresse – und zu seiner Nobilität trug ganz wesentlich das vor 400 Jahren als Nebenresidenz der Gottorfer Herzöge erbaute Renaissanceschloss bei. Nach aufwendiger Restaurierung wird es heute als Kulturzentrum genutzt.

Reinbek, close to the Sachsenwald forest, was always a high-class residential area, its exclusiveness enhanced considerably by the Renaissance castle built 400 years ago as a secondary residence of the Dukes of Gottorf. After extensive restoration, it is now used as a cultural centre.

Putzbau neu errichtet. Ein Armenhaus erinnert in dem an einem kleinen See liegenden Dorf an die Pflicht der Gutsbesitzer, für die soziale Absicherung im Alter Sorge zu tragen.

### Geprägt von der Adelskultur

Wie das nördlichere Ostholstein ist auch das Herzogtum Lauenburg stark von der Adelskultur geprägt. Etwa 20 Herrenhausbauten haben sich erhalten, unter denen Steinhorst und Niendorf besonders sehenswert sind. Der bekannteste Prunkbau dürfte aber Wotersen sein, dessen dreiflügelige Fassade im strahlenden Gelb für die Fernsehserie „Das Erbe der Guldenburgs" als malerischer Drehort genutzt wurde. Intrigen, Liebe und Hass hatten eine Bühne, deren Reiz in der Landschaft, aber auch in der glänzenden Ausstattung des Hauses bestand. Andreas Gottlieb von Bernstorff (1649–1726) hatte nach langer Diplomatentätigkeit im Jahr 1717 das Gut gekauft und von 1721 bis 1725 ein Herrenhaus errichten lassen, das später erweitert wurde. Bis 1996 blieb es im Familienbesitz, dann musste es sein Nachkomme Nikolaus Graf Bernstorff verkaufen. Vergeblich hatte er versucht, den Besitz mit modernen Marketing-Methoden rentabel zu machen.

Bei den Schwierigkeiten mit dem standesgemäßen Wohnen machte auch ein anderer Bewohner des Herzogtums seine Erfahrungen. Als Reichskanzler Otto von Bismarck den Sachsenwald 1871 von Kaiser Wilhelm I. zum Geschenk erhielt, da fehlte ihm – wie er in einem Brief an seinen Bruder monierte – noch ein standesgemäßes Domizil. Zwar versuchte er das stattliche Reinbeker Schloss zu kaufen, das einst von den Gottorfer Herzögen als reiner Repräsentationsbau errichtet worden war, doch als sich dieser Plan zerschlug, baute er das Gasthaus „Frascati", das die Hamburger stets die „Fresskate" genannt hatten, zu einem eher bescheidenen Herrenhaus um. Nach seiner Entlassung durch Kaiser Wilhelm II. 1890 hat Bismarck hier in Friedrichsruh bis zu seinem Tod 1898 gewohnt, in einem von ihm selber entworfenen achteckigen Mausoleum ist

er neben seiner Frau Johanna von Puttkamer begraben. Die wichtigsten Erinnerungsstücke an den „Eisernen Kanzler" werden in einem Museum in Friedrichsruh gezeigt. Nachdem in den letzten Kriegstagen das Herrenhaus abgebrannt war, hat sich die Familie Bismarck ein stattliches neues „Schloss" erbaut.

### Stormarn: Karpfen und Claudius

Stormarn, das zur anderen Seite hin an den Sachsenwald grenzt, ist wie Lauenburg ein „leiser" Landkreis, dessen reiche Kunstschätze wie das Ahrensburger Schloss oder das heute in ein Benediktiner-Kloster umgewandelte Herrenhaus Nütschau mehr als einen kurzen Besuch wert sind. Vielleicht aber zieht es uns eher nach Reinfeld, weil hier der Dichter Matthias Claudius (1740–1815) viele Jahre mit Ehefrau Rebecca und sechs Kindern gelebt hat. Überaus idyllisch, denn auch eine Kuh war in dem üppig blühenden Garten unter den Bäumen angepflockt. Berühmt geworden ist Reinfeld aber auch durch einen eher in wärmeren Gewässern beheimateten Fisch, der in der Teichwirtschaft Schleswig-Holsteins sein nördlichstes Verbreitungsgebiet fand. Die Zisterziensermönche machten im 12. und 13. Jahrhundert mit den Karpfen in Reinfeld ein solches Geschäft, dass „Reynevelde" zum bedeutendsten Kloster Nordalbingiens aufstieg. Später haben auch die Güter die Teichwirtschaft übernommen und damit zeit-

weilig mehr Geld verdient als mit der Landwirtschaft. Heute kommen aus Reinfeld noch immer die besten Karpfen, mit denen man in Hamburg nun einmal traditionell den Weihnachtstisch deckt.

Der letzte Abstecher führt uns nach Jersbek, wo man in einem der schönsten Parks Schleswig-Holsteins ungehindert lustwandeln kann. Der von Bendix von Ahlefeldt angelegte weitläufige barocke Garten ist zwar nur noch in Ansätzen erkennbar. Der Geist seines Schöpfers aber wird nicht zuletzt in der gewaltigen Lindenallee lebendig, die wie ein grüner Tunnel zum Park führt. Vielleicht hat die Gewissheit, etwas die Zeiten Überdauerndes geschaffen zu haben, Bendix von Ahlefeldt den Umstand besser ertragen lassen, dass er am Ende seines Lebens aus Geldmangel aus dem Herrenhaus ausziehen musste und – was sicher schwerer wog – auch den Park verlor.

Nicht ein Schloss von Potsdamer Ausmaßen, sondern ein idyllisches Herrenhaus bezog Otto von Bismarck in Friedrichsruh, nachdem ihm Kaiser Wilhelm I. als Dank für seine Verdienste um das Deutsche Reich 1871 den Sachsenwald übereignet hatte. Das so ländlich wirkende Haus wurde im Zweiten Weltkrieg zerstört und durch einen Neubau ersetzt.

It was not a palace on the scale of Potsdam but an idyllic manor house that Otto von Bismarck built himself in Friedrichsruh after Kaiser Wilhelm I had given him the Sachsenwald forest in 1871 in gratitude for his services to the German Reich. This very rural-looking house was destroyed in World War II and replaced by a new building.

Als Südbalkon Schles-
wig-Holsteins preist sich
Lauenburg an der Elbe
an. Und in der Tat: Wer
die einst von den Schif-
fern bewohnte Unter-
stadt mit der steil auf-
ragenden Nikolaikirche
und die Oberstadt mit
dem Schlossturm vom
Wasser aus betrachtet,
fühlt sich an südliche
Stadtansichten erinnert.
Die Lauenburger haben
jahrhundertelang ihr
Geld auf dem Wasser
verdient, denn ihnen
stand das Privileg zu, alle
auf dem Stecknitzkanal
herangeführten Waren
über die Elbe weiterzu-
transportieren.

Lauenburg on the Elbe
calls itself Schleswig-Holstein's south-facing
balcony. And it is. The
view from the water of
the lower town once
inhabited by fishermen,
the towering St Nicholas'
Church and the upper
town with the Castle
Tower is reminiscent of
southern European
townscapes. For
centuries the people of
Lauenburg earned their
money on the water,
having been granted the
privilege of onward
transport on the Elbe of
all goods arriving by the
Stecknitz Canal.

Zwei Grazien aus Stein
für eine Legende: Das
zwischen 1721 und 1772
als dreiflügelige Anlage
erbaute Herrenhaus
Wotersen befand sich
über 270 Jahre im Fami-
lienbesitz der Grafen von
Bernstorff. Das pracht-
volle „Schloss" bildete
den Drehort für die Fern-
sehserie „Das Erbe der
Guldenburgs". Heute
stellt es einen geradezu
idealen Rahmen für Kon-
zerte des Schleswig-Hol-
stein Musik Festivals dar.
Knapp 20 Herrenhäuser
gibt es im Kreis Herzog-
tum Lauenburg, und
viele befinden sich noch
immer in Privatbesitz.

Two Graces in stone for
a legend: for more than
270 years the manor
house of Wotersen, a
three-winged complex
built between 1721 and
1772, was owned by the
Counts of Bernstorff.
The magnificent "castle"
was used for the filming
of the TV series "Das
Erbe der Guldenburgs"
(The Guldenburg
Legacy). Now it provides
an ideal backdrop for
concerts during the
Schleswig-Holstein
Music Festival. The
Duchy of Lauenburg dis-
trict boasts getting on for
20 stately homes, many
of them still in private
ownership.

Neun Zehntel für den Himmel, der Rest für ein Kunstwerk der Natur: Die Landwirtschaft ist immer noch der wichtigste Landschaftsbildner in Schleswig-Holstein, und immer wieder bieten sich – wie hier zwischen Schwarzenbek und Mölln – überraschende Ausblicke. Das einstige Herzogtum Lauenburg war seit jeher für seine guten Böden bekannt. Auch heute wechseln sich Äcker und Wiesen in bewegter Vielfalt ab.

Nine tenths for heaven, the rest for a work of art of nature. Agriculture still plays the leading role in shaping the landscape of Schleswig-Holstein, and time and again – as here between Schwarzenbek and Mölln – unexpected views open up. The former Duchy of Lauenburg has always been known for the good quality of its soil. To this day, farmland and meadows alternate in lively varies.

Am Schaalsee gleicht kein Ausblick dem anderen, denn mit immer neuen Kapriolen windet sich die Uferlinie durchs Land. Der 71,5 Meter tiefe See ist ein besonders intaktes Refugium der Natur. 50 Jahre lang verlief mitten durch das Gewässer die deutsch-deutsche Grenze, sodass der See sich zu einem einzigartigen Naturreservat entwickeln konnte. Mit der Ausweisung als Naturpark hat man jetzt auch das östliche Ufer offiziell unter Schutz gestellt. Bereits 1962 war das zu Schleswig-Holstein gehörende Westufer in den Naturpark Lauenburgische Seen integriert worden. Reiher, Rohrdommel und Seeadler nisten in diesem stillen Reservat. Aber auch für den Menschen gibt es an diesem See noch Platz: Stille Badestellen und einsame Stege laden zum Schwimmen, vielleicht aber auch nur zum Träumen ein.

On the Schaalsee, no two views are alike. The bank of the lake twists and turns through the countryside, cutting ever-new capers. The 71.5-metre-deep lake is a particularly intact natural refuge. For 50 years the border between West and East Germany ran through its waters, enabling the lake to develop into a unique nature reserve. The eastern side, too, has now been officially declared a nature conservation area. The west bank, which is in Schleswig-Holstein, was integrated into the Lauenburg Lakes Nature Park back in 1962. Herons, bitterns and sea eagles nest in this tranquil reserve. Even so, there is still room for people on the lake: quiet bathing areas and secluded jetties are inviting places to swim, or perhaps simply to dream.

Eine Stadt, ein See, ein Mythos: Dass Mölln eines der geschlossensten mittelalterlichen Stadtbilder besitzt, liegt nicht zuletzt daran, dass es jahrhundertelang an das reiche Lübeck verpfändet war. Mit prachtvollen Kunstwerken ist auch die hoch aufragende Kirche St. Nikolai ausgestattet. Madonnen- und Altarschrein, Rokokokanzel und kostbare Leuchter überraschen ebenso wie das Kirchengestühl der Gilden und Zünfte. Ein bisschen Magie auch für den bekanntesten Bürger der Stadt: Ein an der Kirche angebrachter Gedenkstein erinnert an Till Eulenspiegel, der hier im Jahr 1350 an der Pest gestorben und in Mölln begraben worden sein soll.

One town, one lake, one myth: the fact that Mölln retains one of the most self-contained mediaeval townscapes is due not least to the fact that for centuries it was mortgaged to wealthy Lübeck. The towering church of St Nicholas boasts some superb works of art in its interior. The Madonna and altar shrines, the Rococo chancel and sumptuous chandeliers are as much of a surprise as the pews of the various guilds. A little magic too for the town's best-known citizen: a memorial tablet on the church recalls the memory of Till Eulenspiegel, who is said to have died here of the plague in 1350 and to have been buried in Mölln.

Was für eine Kulisse bei der Angelpartie! Wie eine Burg baut sich der Ratzeburger Dom über dem See auf und dokumentiert herrische Geschlossenheit. Der von Heinrich dem Löwen im Jahr 1160 gestiftete Dom gilt als einer der am besten erhaltenen Kirchenbauten der romanischen Zeit. Eine Klosteranlage schließt sich an. Wie die gesamte Altstadt Ratzeburgs steht das trutzige Bauwerk auf einer Insel, die durch Dämme mit dem Festland verbunden ist. – Mit dem zur Gedenkstätte umgewandelten Elternhaus des Bildhauers Ernst Barlach und dem A. Paul Weber-Museum besitzt die Stadt aber auch zwei moderne Museen, die Besucher aus aller Welt anlocken.

What a backdrop for a fishing party! Ratzeburg Cathedral looms over the lake like a castle, a document to imperial unity. The cathedral, founded in 1160 by Henry the Lion, is regarded as one of the best-preserved religious works of architecture of the Romanesque era. Adjacent to it is a monastery complex. The defiant-looking cathedral, like the whole of Ratzeburg's historic town centre, stands on an island linked to the mainland by dams. Ratzeburg also boasts two modern museums which attract visitors from all over the world – the parental home of the sculptor Ernst Barlach, which has been turned into a memorial, and the A. Paul Weber Museum.

# Lübeck, die Lübecker Bucht und Fehmarn

Wahre Schönheit altert nicht, und so steht Lübeck mit dem Altstadt-panorama und der Trave immer noch für städte-bauliche Vollkommen-heit. Oldtimer-Schiffe tragen zu dem nostal-gischen Ambiente bei.

True beauty does not age, and so the pano-ramic view of Lübeck's Altstadt and the River Trave still represents perfection in urban development. Veteran boats add to the nostalgic ambience.

Königin der Hanse oder Hochburg des Marzipans? Seit die UNESCO 1987 die Lübecker Altstadt zum Weltkulturerbe ernannte, ist die Liste der Superlative noch länger geworden: Mit mehr als 1000 denkmalgeschützten Häusern, mittelalterlichen Straßen und Plätzen, Speichern, Klöstern und Kirchen – meist in rot flammendem Backstein erbaut – ist die Stadt selber ein Gesamtkunstwerk, durch das sich vorzüglich schlendern lässt.

## Königin der Hanse

Vom Turm der Petrikirche aus erkennt man das „Wunder Lübeck" am besten, denn nur von oben sieht man, wie eng sich Häuser und Kirchen in der vom Wasser umschlossenen Altstadt zusammendrängen. Nicht einmal den Markt hat man besonders groß ausfallen lassen und das Rathaus in den Jahrhunderten immer wieder ein bisschen angeflickt. Der Südgiebel stammt aus romanischer Zeit, die Schauwand glänzt im Stil der Gotik, und die Prunktreppe ist ein Erbe der Renaissance.

Lübecks bitterste Stunde schlug im Zweiten Weltkrieg, als in der Nacht vom 28. zum 29. März 1942 mehr als 25 000 Bomben über den Dächern der Altstadt abgeladen wurden. Lübeck brannte, die Kirchen stürzten ein, und Glocken schlugen – wie in St. Marien noch heute zu besichtigen – in den Kirchenboden ein.

Bis in unsere Zeit hat der Wiederaufbau gedauert, und seit etlichen Jahren bietet Lübeck mit den sieben Türmen nun auch wieder jene Schaufront, die im Mittelalter alle Städte im Ostseeraum auf die Plätze verwies. An der Trave, wo man von dem 1478 vollendeten Holstentor aus den eindrucksvollsten Blick auf die Hansestadt hat, liegt der Schlüssel zum Reichtum Lübecks: Denn hier hat man das über den Stecknitzkanal und die Wakenitz herangeschaffte Lüneburger Salz in hohen Speichern zwischengelagert und dieses wichtige Konservierungsmittel weiter nach Skandinavien und Russland verschifft. Mit begehrten Waren wie Pelzen und Heringen beladen, kehrten die Schiffe wieder zurück. Im 13. und 14. Jahrhundert besaß Lübeck die größte Handelsflotte im Norden Europas.

Aber Lübecks Glück war nicht allein auf Salz gebaut. Es war der Erfindungs-

reichtum lübischer Kaufleute, der den Aufstieg vorantrieb und die Stadt an der Trave ganz selbstverständlich zum Haupt der Hanse werden ließ. Wie ein Spinnennetz wurden fortan Kontakte zu den wichtigsten Handelsmetropolen Europas wie Brügge und Antwerpen, Nowgorod, London und Bergen geknüpft und einträgliche Kontore unterhalten. Erst die Umschichtung des Handels durch die Entdeckung Amerikas nahm Lübeck seine Dominanz und ließ Städte wie Rotterdam, London und Hamburg zu Welthäfen aufsteigen.

## Mutterkirche der Backsteingotik

Was man Lübeck nicht nehmen konnte, war sein Ruhm, der sich nicht zuletzt auf die Kirchenbauten gründete. Als „Mutterkirche der Backsteingotik" im gesamten Ostseeraum nimmt dabei St. Marien eine Sonderrolle ein. Mit den 125 Meter hohen Doppeltürmen und der kunstvollen Fassade setzte man hier eindeutig auf Größe. „Die Backsteingotik ist selbstbewusst ohne Selbstgefälligkeit, sachlich ohne Nüchternheit, ernst ohne Kälte, streng ohne jegliche Anwendung von Askese, kühn im Großen und haushälterisch im Kleinen", hat der Kunsthistoriker Georg Dehio einmal über den in Lübeck vorherrschenden Baustil gesagt.

Während die Marienkirche dem Rat der Stadt unterstellt war, hatte im Dom der Bischof die Verfügungsgewalt. Das in gotischer Zeit zur dreischiffigen Basilika

umgebaute Gotteshaus beeindruckt heute mit seiner schlichten Größe und einer von dem Holzschnitzer Bernt Notke geschaffenen Triumphkreuzgruppe, die die Kriegszerstörungen überstanden hat. Nahezu unversehrt präsentiert sich auch das im Jahr 1290 erbaute Heiligen-Geist-Hospital, das in seinen engen Kammern noch bis 1970 alte Menschen beherbergte. Heute findet in dem gotischen Bauwerk, zu dem auch eine Kirche gehört, jedes Jahr einer der schönsten Weihnachtsmärkte Deutschlands statt.

## Schauplatz der „Buddenbrooks"

Enge und Weite, Armut und Wohlhabenheit standen in der Hansestadt immer nebeneinander. Und so wird man sich, wenn man St. Jakobi, St. Petri, St. Aegidien und die Katharinenkirche, aber auch die „Schiffergesellschaft" mit ihren blank gescheuerten Tischen und ihrer an hansischer Tradition orientierten Speisekarte besucht hat, noch einmal dem engen, gemütlichen Lübeck zuwenden, das sich rund um den Dom erstreckt.

Der Stadt ins Herz geschaut: Majestätisch erheben sich die Türme von St. Marien über Rathaus und Markt. Die Ratskirche der reichen Hansestadt Lübeck hat vielen Städten im Ostseeraum als Vorbild gedient.

Looking into the heart of the town: the spires of St Mary's Church tower majestically above the Rathaus (city hall) and market square. The council church of the rich Hanseatic city of Lübeck served as a model for many towns in the Baltic region.

Die meist kleinen Höfe wurden im 16. Jahrhundert erbaut, als die Wohnungsnot die reichen Bürger auf den Gedanken brachte, gewinnbringende Fachwerkhäuser anstelle von Rosenstöcken in ihre Gärten zu stellen. Heute gelten die Areale mit ihren buchsbaumgesäumten Gärten vor allem für junge Familien als begehrter Lebensraum.

Doch auch die von der Kaufmannschaft geprägten Bürgerhäuser wie das als Museum zugängliche Behn- und Drägerhaus gehören zum Lübeck-Bild und erinnern daran, dass man hier einmal einen ganz speziellen Lebensstil pflegte. „Man saß auf hochlehnigen, schweren Stühlen, speiste mit schwerem Silbergerät schwere gute Sachen, trank schwere, gute Weine dazu und sagte sich seine Meinung", heißt es in den „Buddenbrooks" von Thomas Mann. In dem

Patrizierhaus seiner Großeltern in der Mengstraße Nummer 4 unmittelbar neben St. Marien ließ der als Sohn eines Konsuls in Lübeck geborene Schriftsteller seinen Roman spielen, der ihm den Nobelpreis, aber auch Ärger mit der sich karikiert fühlenden Lübecker Gesellschaft eingebracht hat. Das Haus, das im Krieg bis auf die Fassade zerstört und später wieder aufgebaut wurde, dient heute als Gedenkstätte für die vielen dichtenden Mitglieder der Familie Mann, allen voran für die Brüder Thomas und Heinrich.

Erinnern und bewahren: Lübeck hat eine überaus geschickte Hand, die Vergangenheit lebendig werden zu lassen. In einem anderen Patrizierhaus wird an Deutschlands bekanntesten Sozialdemokraten der Nachkriegszeit erinnert. Der 1913 in Lübeck geborene Willy Brandt wuchs als Herbert Frahm im Lübecker Arbeitermilieu auf und emigrierte früh als Journalist und Gegner der Nationalsozialisten nach Norwegen. Nach dem Krieg kehrte er nach Deutschland zurück, wurde Bürgermeister von Berlin, Außenminister und schließlich Bundeskanzler der Bundesrepublik Deutschland. Wesentlichen Anteil an dem Errichten der Gedenkstätte hatte Literatur-Nobelpreisträger Günter Grass. Auch ihm, der in der Nähe von Lübeck wohnt, hat die Stadt ein Haus gewidmet. Dort erlebt man den Grafiker, Maler, Bildhauer und Schriftsteller in einer intimen, über zwei Stockwerke sich ausbreitenden Schau.

Thomas Mann hat es gehasst, wenn man ihn mit dem Lübecker Marzipan in Verbindung brachte – ein Abstecher in das Paradies des „Marci panis", also des Markusbrots, bietet sich aber gerade nach einem Besuch im Mann-Haus an. In der Breiten Straße können in einem opulenten Café immer noch die Meisterwerke der Zuckerbäckerkunst besichtigt und zu sich genommen werden, die man hier nach dem sorgsam gehüteten Rezept des aus Ulm eingewanderten Konditorgesellen Niederegger seit mehr als 200 Jahren herstellt.

Wer geistige Genüsse vorzieht, bestaunt im nahen St.-Annen-Museum flandrische Kunst oder genießt vielleicht auch nur das Adagio eines Violinkonzertes, das ein junges Mädchen unter den Rathausarkaden ihrer Geige entlockt. Ganz Lübeck swingt und singt an manchen Tagen, und mit der Musik- und Kongresshalle (MuK) hat sich die Stadt, in der die einzige Musikhochschule Schleswig-Holsteins ihren Platz hat, auch einen lang gehegten Traum erfüllt. Wer am Abend aus dem Portal tritt und die angestrahlte Altstadt mit den mächtigen Türmen jenseits des dunklen Wassers liegen sieht, gesteht Lübeck auch heute noch den Rang einer „Königin" zu.

Der Lübecker Dom bezieht einen erheblichen Teil seiner Wirkung daraus, dass er im Inneren leuchtend weiß geschlämmt ist. 1247 als spätromanische Basilika fertiggestellt, wurde der Dom alsbald nach gotischem Muster umgebaut. Die im 14. Jahrhundert errichteten Kapellenreihen wurden im 18. Jahrhundert barock ausgestattet, die Renaissancekanzel stammt aus der Zeit nach der Reformation.

Lübeck Cathedral derives much of its effect from its brilliantly whitewashed interior. Completed in 1247 as a late Romanesque basilica, before long the cathedral was converted in Gothic style. The rows of chapels erected in the fourteenth century were furnished in Baroque style in the eighteenth century, while the Renaissance chancel dates from the post-Reformation period.

Einkehren in der „klassischsten Kneipe der Welt": Das Haus der Lübecker Schiffergesellschaft ist eine der traditionsreichsten Gaststätten Norddeutschlands. Schon vor mehr als 450 Jahren haben sich in den gediegen eingerichteten Räumen die Schiffer getroffen und ihre Belange diskutiert. Dem deftigen Essen blieb man bis heute treu.

A visit to the "most classic pub in the world:" the Schiffergesellschaft building in Lübeck is one of North Germany's most venerable inns. Seamen met to discuss their concerns in its solidly furnished rooms more than 450 years ago. It still serves substantial fare.

## Lübecks schöne Tochter Travemünde

„Sommerferien an der See. Begreift denn irgend jemand weit und breit, was für ein Glück das bedeutet?" Nach Travemünde fährt man von Lübeck aus immer noch mit Thomas Mann im Gepäck, denn in dem Bad mit dem feinen Sandstrand kehrte die Senatorenfamilie – wie im Roman „Buddenbrooks" beschrieben – in den 80er Jahren des 19. Jahrhunderts regelmäßig zur Sommerfrische ein. Mit der Kutsche versteht sich, und natürlich wohnte man standesgemäß in einem der beiden Schweizerhäuser neben dem Kurhaus am Meer. Weiße Villen säumen die Straßen und Kurhaus und Casino erinnern an eine Zeit, in der sich so manches Schicksal beim „Rien ne va plus" der Croupiers vollendete. Bereits 1833 wurde die Spielbank eröffnet, und damit

die als spielsüchtig geltenden Russen auch in dem Seebad absteigen konnten, gab es einen regelmäßigen Fährverkehr zwischen Travemünde und St. Petersburg.

Das einstige Nobelbad ist heute ein Tor zum Norden, denn von Travemünde aus steuern riesige Fähren Finnland und Schweden an. Familiäre Gemütlichkeit vermitteln dagegen die kleinen Autofähren zum Priwall: Regelmäßig bringen sie die Badegäste an den Hausstrand des Seebades, den man sich seit 1990 wieder mit den Mecklenburgern teilt. Die Fischerei, früher ein wichtiger Erwerbszweig der Travemünder, hat man allerdings an den Niendorfer Hafen abtreten müssen, den Badeort, der sich nach Norden anschließt.

## Von Niendorf bis Neustadt

Nach Niendorf führt ein Wanderweg, der zu den schönsten an der Ostseeküste zählt. 20 Meter erhebt sich das Brodtener Steilufer über die See, und die ausgehöhlten, von Wasservögeln bewohnten

Lehmwände sind ein Beweis für die Gefräßigkeit der als „sanftes Mütterchen" verspotteten Ostsee: Jedes Jahr brechen mehrere Meter bei den großen Herbst- und Winterstürmen vom Ufer ab, und der Landverlust während der großen Sturmflut von 1872 war so groß, dass ein auf dem Ufer stehender Lusttempel ins Meer stürzte. Auch in Niendorf wurden damals große Teile des jungen Badeortes von den Fluten zerstört.

Niendorf, heute mit Timmendorfer Strand zu einer Gemeinde vereinigt, hat ein besonders malerisches Zentrum, das die Urlauber nach dem Sonnenbad anlockt. Von Möwen gierig umlagert, machen in dem 1920 erbauten Hafen-

Über die Trave fahren riesige Fähren an Travemünde vorbei auf die Ostsee hinaus. Das berühmte Seebad mit dem am Priwall für immer vor Anker gegangenen Windjammer „Passat" ist der größte Fährhafen Europas.

Gigantic ferries sail down the Trave past Travemünde and out into the Baltic. The well-known seaside resort with the windjammer "Passat" at permanent anchor on the Priwall is Europe's largest ferry terminal.

becken täglich die Fischer mit ihren bunt gestrichenen Kuttern fest und verkaufen einen Teil des Fangs direkt an der Mole. Über die Aalbek ist Niendorf mit dem Hemmelsdorfer See verbunden, der Napoleon als idealer Standort für einen Kriegshafen erschien. Dass es bei den Plänen blieb, hat dem See mit den ausgewaschenen Wiesenufern die von Anglern und Urlaubern geschätzte Ruhe bewahrt.

Und Timmendorfer Strand? Da sollte man das Dinnerjackett nicht vergessen oder die Brille von Calvin Klein, denn der Badeort gilt nun einmal als das „Kampen der Ostsee". Hierher fahren am Sonntag wahre Scharen von Hamburgern und Berlinern, denn in Timmendorf will man gesehen werden. Der breite, feinsandige Strand, die Seebrücke und eine ausgelassene Stimmung auf den Boulevards machen das Seebad mit seinen vielfältigen Kurangeboten zur berühmtesten Flaniermeile an der Ostseeküste. Stille dagegen beschert der Kiefernwald hinter den Dünen, dessen Schattenspiele an heißen Tagen an den Süden Frankreichs erinnern.

Wie Perlen auf einer Kette reihen sich die Ostseebäder weiter nördlich nun auf. An Timmendorfer Strand schließen sich das Familienbad Scharbeutz mit Kurpark und Ostseetherme und das einstige Fischerdorf Haffkrug an. In Haffkrug sorgte ein findiger Gastwirt mit dem 1811 eröffneten Elisabeth-Bad dafür, dass der kleine, in wilde Dünen gebettete Ort schon bald nach Travemünde das zweite Seebad an der Lübecker Bucht wurde. Sierksdorf, ein Kurort mit großer Weitläufigkeit, fand erst sehr viel später zu seinem unverkennbaren Markenzeichen. Denn erst im Mai 1973 wurde der Hansapark eröffnet, in dem man heute neben zahlreichen Attraktionen beim Looping auch den Blick auf das sich in eine weite Ostseebucht schmiegende Neustadt genießt. Als „Nighestad" wurde der Ort 1226 als Konkurrenzhafen zu Lübeck gegründet.

Eine ernsthafte Konkurrenz für Lübeck wurde Neustadt nie, doch die Kunst, ihre Stadt zu gestalten, hatten sich die Bürger schnell bei den Lübeckern abgeguckt, wie man an der im 13. Jahrhundert errichteten Stadtkirche und dem geräumigen, heute von Bürgerhäusern und dem klassizistischen

Rathaus umgebenen Marktplatz sehen kann. Neustadt war einmal eine wohlhabende Stadt, die sich mit festen Mauern schützte. Von der alten Verteidigungsanlage steht noch das Kremper Tor, das einzige mittelalterliche Stadttor, das in Holstein erhalten blieb. Wie viel Schönheitssinn man auch später noch den Bauten zukommen ließ, zeigt das Pagodendach eines 1830 erbauten Kornspeichers am Hafen, das sich mit seinen sechs Abstufungen wie ein Fächer entfaltet und so dem belebten Hafen einen vornehmen Anstrich gibt.

Die Hafenstadt hatte übrigens einmal ein Stück weiter im Landesinneren liegen sollen, wie man an der Kirche in dem vier Kilometer entfernten Altenkrempe sehen kann. Das mächtige Gotteshaus, das sich heute über einem kleinen Dorf erhebt, war als Stadtkirche bereits gebaut, als ein Verlanden der Krempiner Au eine Korrektur der Pläne notwendig werden ließ. Ein neuer Hafen musste im heutigen Neustadt gegründet werden, und die Kirche in Altenkrempe blieb als einsamer Eremit, aber auch als eines der schönsten spätromanischen Gotteshäuser zurück. Der Turm mit seinem stattlichen Viergiebelhelm beeindruckt mit wuchtiger Größe.

## Cismar – ein Kloster für die Kunst

Auch in Grömitz ist die Geschichte etwas anders verlaufen, als es sich die Einwohner einmal erträumt hatten. Denn der Ort, der im Mittelalter als Handelsvermittler zwischen Lübeck und den Klostergütern in Cismar eine wichtige Rolle gespielt hatte, musste erleben, dass ihm zwar das Stadtrecht zuerkannt, nach der Reformation aber wieder aberkannt wurde. Heute belegt das „Bad an der Sonnenseite" auf der Beliebtheitsskala der Urlauber einen Spitzenplatz und profitiert erneut von der Nähe zu Cismar, das heute eingemeindet ist.

Wer nach Cismar kommt, kann die Bedeutung dieses einst so reichen Ortes nur noch erahnen, der mit Dörfern, Mühlen und Fischteichen eine wahre Goldgrube war, nach der Reformation aber nahezu ausgelöscht wurde. Denn nicht nur, dass man die gotischen Klosterbauten weitgehend abriss – zum Schluss hat man sogar die Kirche halbiert und einen Teil dem Amtmann als Wohnsitz überlassen. Erst in unserer Zeit

Ein Kunstwerk und doch ein zweckmäßiger Bau: Der Pagodenspeicher am Hafen von Neustadt mit seinem mehrfach gestuften Walmdach nahm seit dem Jahr 1830 das Getreide auf, das von den großen Adelsgütern im Hinterland zum Verschiffen in die Hafenstadt gebracht wurde. Aus den Badeorten Rettin und Pelzerhaken kommen heute die Urlauber, um bei einem Stadtbummel das Hafenidyll zu genießen.

A work of art and a functional building: from 1830 the Pagoda Warehouse in Neustadt harbour with its staggered hipped roof accommodated the grain brought to the port town from the large country estates in the hinterland for onward shipment. Nowadays holidaymakers come from the Neustadt bathing resorts of Rettin and Pelzerhaken to enjoy the port idyll on a stroll round the town.

fand Cismar wieder zu einer geschlosse-
nen Anlage zurück. Mit dem Ostchor
der Kirche, die protestantisches Gotteshaus ist, und dem als Nebenstelle des
Landesmuseums in Schleswig genutzten
Westchor ist Cismar heute Kulturmittelpunkt und touristische Attraktion. Mit
interessanten Kunstausstellungen lockt
man die Urlauber aus ihren Strandkörben ins Hinterland und bietet ihnen so
eine reizvolle Alternative zum unbe-
schwerten Nichtstun am Wasser. Denn

auch weiter nördlich ist noch lange nicht
Schluss mit Sand und Strand. Es folgen
Kellenhusen und Dahme – zwei Bade-
orte, denen die Bezeichnung Familienbad
oberster Ritterschlag ist. Die klare Luft
rührt vor allem von den ausgedehnten
Waldflächen her, die hier die Küsten säumen. Mit 586 Hektar ist der Kellenhuse-
ner Forst das größte Waldgebiet der Ostseeküste. Der Leuchtturm im nahen
Dahmeshöved erinnert daran, dass die
Seebäder fast alle ihre vom Meer be-
herrschte Vergangenheit haben.

### Lebendige Geschichte in Oldenburg

Mit der Historie auf gutem Fuß lebt
auch das einst von den Slawen bewohnte
Oldenburg. In Starigard, wie der Ort in
wendischer Zeit hieß, lag einst das Zentrum Wagriens, und die Reste der impo-
santen, 4,5 Hektar großen Wallburg
ragen immer noch mitten in der Stadt
auf – vom täglichen Verkehr umbraust.

Eine stille Begegnung mit den einstigen Bewohnern Oldenburgs ermöglicht

das Wallmuseum, das mit einem nachgebauten slawischen Handelsschiff – dem größten der Welt – auch an die maritime Vergangenheit der meist am Wasser siedelnden Wenden erinnert.

Die Geschichte Oldenburgs ist geprägt von Auseinandersetzungen zwischen Christen und heidnischen Slawen, später von den Machtkämpfen der mittelalterlichen Potentaten, die mit den ostholsteinischen Siedlungen eine Art „Monopoly" spielten. Kaiser Otto I. hatte Oldenburg 968 zwar zum Bistum erklärt, doch Heinrich der Löwe verlegte 1160 den Bischofssitz nach Lübeck und nahm der Stadt ihren klerikalen Status wieder ab. Auf Tradition baute man hier dennoch mehr als anderswo: Mit der 1192 gegründeten Johannis-Gilde residiert die älteste Gilde im Land in den

Weich und weiß breitet sich der Strand von Dahme vor der Ostsee aus. Das Familienbad ist für seine Kinderfreundlichkeit, aber auch für sein reichhaltiges Freizeitprogramm bekannt.

Dahme beach stretches out soft and white along the Baltic Sea. The family resort is known for its child-friendliness, but also for its jam-packed programme of leisure activities.

Mauern der Stadt, und das Schützenfest, das einmal im Jahr gefeiert wird, dauert drei lange, meist sonnige Tage.

Sonne satt genießt man als Oldenburger auch am nahen „Weißenhäuser Strand", wo in einem Subtropischen Badeparadies karibische Freuden sogar dann geboten werden, wenn das Wetter einmal nicht mitspielt. Ein buntes Programm lässt für den Urlauber kaum einen Wunsch offen. Hier hat man Spaß, egal ob am Strand oder unterm schützenden Glasdach.

**Auf Fehmarn, dem sechsten Kontinent**

Gefeiert wird ohnehin gern und viel im nördlichen Bundesland, und da ist man auch auf Fehmarn am richtigen Ort. Die 185 Quadratkilometer große Ostseeinsel war immer eine Welt für sich, und die Einwohner – heute sind es etwa 14 000 – setzten sich mit der kühnen Behauptung, ein eigener Erdteil zu sein, deutlich vom übrigen Deutschland ab. Mit dem Satz „Wi föhrn na Europa" kletterten sie in das Boot, das sie nach Großenbrode

auf das Festland brachte, und waren schon beim Ausbooten vor Heimweh halb krank. Immerhin verwöhnt die Insel, die heute über eine Brücke mit dem Festland verbunden ist, mit südlichem Wetter, denn da sich die Wolken auf dem Festland abregnen, gibt es hier mehr Sonnenschein als irgendwo sonst in Deutschland. Selbst Kapstadt oder Sydney bringen nicht mehr in die Sonnenstatistik ein als Fehmarn in Jahren mit guten Ostseesommern. Sagen jedenfalls die Insulaner.

Fehmarn hat sich selbst nicht nur zum „sechsten Kontinent" ernannt, hier hat man zur Zeit der Rapsblüte auch gleich noch eine „fünfte Jahreszeit" eingeführt, die man mit der Wahl einer Rapsblütenkönigin in Petersdorf krönt. Schließlich ist die Insel mit dem gelben Wunder noch ein bisschen reicher gesegnet als die meisten anderen Landschaften Schleswig-Holsteins. Von flüssigem Gold scheinen die Felder übergossen, und der süße Duft der sich öffnenden Blüten begleitet den Spaziergänger auf einsamen Wegen ans Meer.

Auf Fehmarn kann man nicht nur die Sonne am Wasser auf- und später dann auf der anderen Inselseite in den Fluten untergehen sehen, hier hat auch jeder Strand ein anderes Gesicht. Der Expressionist Ernst Ludwig Kirchner fand seinen Traumabschnitt an der wild zerklüfteten Steilküste bei Staberhuk und hat hier, bei einem Leuchtturmwärter wohnend, Bilder in starken Farben gemalt. „Ocker, Blau, Grün sind die Farben von Fehmarn", schrieb er in einem Brief und bekannte an anderer Stelle, dass ihm auf der Ostseeinsel Werke von absoluter Reife gelungen seien. Maler und Schriftsteller haben die Insel immer wieder

Elegante Linie zwischen Himmel und Meer: Die in der Ferne sichtbare Fehmarnsundbrücke verbindet seit 1963 das Festland mit Fehmarn. Über die Insel führt seitdem die „Vogelfluglinie" von Deutschland nach Skandinavien.

An elegant line between sky and sea: the Fehmarn Sound Bridge visible in the distance has connected the island of Fehmarn with the mainland since 1963. Since then the "Vogelfluglinie" (the line that travels as the bird flies) from Germany to Scandinavia has "flown" via Fehmarn.

besucht, und der niederdeutsche Klaus Groth hat, als er von 1847 bis 1853 in Landkirchen wohnte, sein Gedicht von „Matten de Has" geschrieben, dessen melancholische Botschaft darin besteht, dass ein Hase und ein Fuchs niemals miteinander tanzen sollten. Auch wenn der Sommertag noch so schön ist.

Anders als die Bauern im östlichen Holstein sind die Bewohner von Fehmarn niemals in die Leibeigenschaft geraten, und das lag nicht zuletzt daran, dass nach einem von dem dänischen König Erich I., dem Pommer, im 15. Jahrhundert angerichteten Blutbad Bauern aus dem freiheitsliebenden Dithmarschen angesiedelt wurden. Nach strengen Gesetzen, dem sogenannten Landrecht, wurden die Belange auf der Insel geregelt, und das Dokument dazu hat man in einer Art Tresor, dem „Landesblock", im Gotteshaus von Landkirchen aufbewahrt.

42 Dörfer und eine Stadt gibt es heute auf Fehmarn, und immer noch sind die Kirchen weithin sichtbare Orientierungspunkte. Die Hauptstadt Burg spielt ein

bisschen die Diva, auch wenn man hier weiterhin Kopfsteinpflaster und knorrige Linden trägt. Mit der größten Kirche der Insel, einem stattlichen Rathaus und einem Museum reklamiert man den Status als Zentrum eindeutig für sich. In Burg hat aber auch die Geschichte ein wichtiges Kapitel geschrieben, denn in dem Haus, das heute „Wissers Hotel" ist, endete im Jahr 1864 nach einem kurzen Feuergefecht zwischen dänischen und preußischen Offizieren die Zeit der Zugehörigkeit zu Kopenhagen.

Fehmarn ist heute als Teil des Landes Schleswig-Holstein immer noch eine Welt für sich. Die Kornkammer des nördlichsten Bundeslandes, die ihre hohen Erträge einem fruchtbaren Schwarzerdeboden verdankt, hat ihren eigenen Rhythmus zwischen Aussaat und Ernte. Dass man auf diesem Kontinent geruhsamer lebt als im übrigen „Europa", glauben auch die vielen Urlauber, die es Jahr für Jahr auf die Insel mit dem hellen Licht der nordischen Sommernächte zieht.

Das Holstentor, 1469 bis 1478 als Festungsbau mit dreieinhalb Meter starken Mauern nach flandrischem Vorbild erbaut, hat zwar niemals „Dienst" als Verteidigungswerk tun müssen. Dennoch zeigte es allen Feinden Lübecks, dass mit der „Königin der Hanse" nicht zu spaßen war. Im 19. Jahrhundert wäre das an der Stadtseite von einer Madonna bewachte Portal dann beinahe abgerissen worden, im Stadtrat sicherte nur eine Stimme Mehrheit den Erhalt. Heute ist das trutzige Tor das Wahrzeichen der Stadt und beherbergt die Sammlungen zur lübischen Geschichte.

With its three and a half metre thick walls on the Flanders model, the Lübeck Holstentor was built between 1469 and 1478 as a fortress, though it never actually did duty as a defensive installation. All the same, it demonstrated to all Lübeck's enemies that the "Queen of the Hanseatic League" was not to be messed with. In the nineteenth century the gate, guarded on one side by a Madonna, came within a whisker of being demolished. It was saved by a single-vote majority in the town council. Nowadays the stalwart gate is the town's emblem and houses the Lübeck local history collection.

Das „Fort Knox" des Mittelalters: In den Salzspeichern an der Obertrave lagerte einst das aus Lüneburg herangeschaffte „weiße Gold", ehe es in die skandinavischen Länder verschifft wurde. Die im 16. und 17. Jahrhundert erbauten Speicher bilden immer noch eine reizvolle Schaufront am Eingang zur Altstadt. Wie ein Wächter schiebt sich das Holstentor an die Backsteinfassaden heran.

The "Fort Knox" of the Middle Ages: the Salt Warehouses on the Upper Trave once held the "white gold" brought from Lüneburg before it was shipped to Scandinavia. The sixteenth- and seventeenth-century warehouses still form a delightful show front at the entrance to the Altstadt. The Holstentor edges its way towards their redbrick facades like a watchman.

Vom Turm der Petri-
kirche aus erlebt man
Lübeck ganz intim. Die
Große Petersgrube
trumpft mit prachtvollen
Fassaden auf, deren
Erhabenheit allenfalls
durch das Kopfstein-
pflaster gemildert wird.
Nur wenig Straßenlärm
dringt durch die geöffne-
ten Fenster. Die Lübe-
cker Altstadt ist ein
amtlich anerkanntes
Wunder, denn im Jahr
1987 wurde sie von
der UNESCO in ihrer
Gesamtheit zum Welt-
kulturerbe ernannt. Nach
schwere Kriegszerstö-
rungen bietet sie heute
wieder ein nahezu
geschlossenes und vitales
Bild. Viele der denkmal-
geschützten Häuser sind
bewohnt oder dienen als
Geschäftsräume. In der
Großen Petersgrube
beispielsweise ist Schleswig-Holsteins einzige
staatliche Musikhoch-
schule untergebracht.

From the tower of
St Peter's Church you
experience Lübeck at its
most intimate. Grosse
Petersgrube boasts some
superb facades, the illus-
triousness of which is
reduced at most by the
cobbles. Very little street
noise penetrates through
the open windows.
Lübeck's Altstadt is an
officially recognised
wonder: in 1987 it was
declared in its entirety a
UNESCO world cultural
heritage site. After suffer-
ing extensive destruction
in World War II it
now offers an almost
unified, vital picture once
more. Many of the listed
historic buildings are
lived in or used as busi-
ness premises. Schleswig-
Holstein's only state
college of music, for
example, has its home in
Grosse Petersgrube.

Licht- und Schattenspiele
lassen St. Marien noch
höher erscheinen, als die
Mutterkirche der Ostsee-
länder ohnehin ist. Die
aus Frankreich stammen-
den Baumeister haben
die für den Kalksandstein
ersonnenen Formen so
meisterhaft auf den sprö-
den Backstein übertra-
gen, dass die drittgrößte
Kirche Deutschlands
Vorbild für viele Städte
am Baltischen Meer
wurde. Vor der Zerstö-
rung im Jahr 1942 war
St. Marien eine der am
kostbarsten ausgestatte-
ten Kirchen des Nordens.
Heute bezieht sie einen
erheblichen Teil ihrer
Wirkung aus der
himmelstrebenden
Pfeilerwelt.

The play of light and
shadow makes St Mary's
Church in Lübeck, the
mother church of the
Baltic states, look even
taller than it is. Its
French architects trans-
ferred shapes designed
for limestone to the
brittle brick in such a
masterly fashion that
Germany's third-largest
church became a model
for many Baltic towns.
Before the destruction of
1942 St Mary's was one
of the most sumptuously
furnished churches.
These days it derives a
substantial part of its
effect from the mass of
pillars striving toward
heaven.

Irgendwo blitzt im Hinterland der Lübecker Bucht immer ein See, und fast scheint es, als verteidigten die Schafe ihr Idyll. Obwohl die großen Schafherden eher an der Nordseeküste anzutreffen sind, finden die „Rasenmäher" doch auch in dem bukolischen Landesteil immer mehr Freunde. Schließlich liefern die gemütlich wirkenden Tiere neben Milch und Fleisch auch ihre reichlich sprießende Wolle ab.

The glitter of a lake can always be spied somewhere in the Lübeck Bay hinterland, and it looks almost as if the sheep were defending their idyll. Although the large flocks are found mainly along the North Sea coasts, the "lawnmowers" are finding more and more fans in the bucolic part of the state, too. After all, along with milk and meat the cosy-looking animals also supply large quantities of wool.

Weiß und feinsandig legt sich der Strand von Timmendorf zwischen das Meer und den Kiefernwald. Als Anlegeplatz für Schiffe und Jachten, aber auch als Verlängerung der Kurpromenade führt die Seebrücke ins Meer hinaus. Der Timmendorfer Strand wurde erst vergleichsweise spät entdeckt. Als man in Travemünde bereits vornehm am Wasser entlangspazierte, weideten hier noch die Kühe und Schafe. Heute ist das „Kampen der Ostsee" der Tummelplatz der Reichen und der Schönen. Sommer und Timmendorfer Strand sind längst ein Synonym.

Timmendorfer Strand with its fine, white sand lies between sea and pinewoods. The pier stretching into the sea is an anchoring place for boats and yachts, but also an extension of the spa promenade. Timmendorfer Strand was discovered at a relatively late date. Cows and sheep were still grazing here when neighbouring Travemünde was already an elegant seaside resort. Now the Baltic resort is a playground of the rich and beautiful. Summer and Timmendorfer Strand have long been synonymous.

# Schleswig-Holsteins Mitte:
# der Geestrücken

Besänftigend wirken die auf- und ablaufenden Felder, und wie von Meisterhand scheinen die Bäume, Sträucher und Knicks in die Landschaft hineinkomponiert. Schleswig-Holstein ist immer noch Bauernland, obwohl auch hier der Tourismus längst zum wichtigsten Wirtschaftsfaktor geworden ist.

The undulating fields have a soothing effect and the trees, shrubs and vegetation-covered banks look as if they have been worked into the landscape by the hand of a master. Schleswig-Holstein is still farming country, though here, too, tourism has long been the most important economic factor.

Schleswig-Holstein sei wie ein Schwein, an den Flanken fett und auf dem Rücken mager, hat der in Marne geborene Schriftsteller Klaus Harms einmal geschrieben, und das deckt sich mit dem Ausspruch eines Dithmarscher Bauern, der seinem Sohn die Welt mit den Worten erklärte: „Hier ist die Marsch. Die ganze andere Welt ist Geest, nichts als Geest."

Keine Frage: Die „Geestkirls", die Geestbauern, hatten es mit der Landwirtschaft schwerer, denn ihre Böden gaben nicht her, was die fette Marsch Jahr für Jahr abwarf. Erst mit der Einführung des Kunstdüngers kamen auch für die Geestbauern bessere Zeiten, und längst wachsen auf dem Rücken Schleswig-Holsteins Getreide, Raps und Rüben. Ein Gemüse fühlt sich hier besonders wohl: Der Spargel, als „weißes Gold" gerühmt, gedeiht vorzüglich auf der Geest und kann direkt ab Hof frisch nach dem Stechen gekauft werden. Wobei die Bäuerin dem Kunden noch die

Empfehlung mit auf den Weg gibt, das eisen- und vitaminreiche Gemüse doch einmal mit Krabben statt mit Katenschinken zu probieren. Man sitze in Schleswig-Holstein doch schließlich an der Quelle.

## Auf Heer- und Ochsenwegen

Die Geest, der durch eiszeitliche Aufschüttungen in höherer Lage entstandene sandige Mittelteil Schleswig-Holsteins, deren Name so viel wie „unfruchtbar, trocken" bedeutet, ist eine Landschaft, die sich nicht auf den ersten Blick erschließt. Doch bald stellt man fest, welcher Zauber von dieser so beruhigenden „Sandwüste" ausgeht. Ein Weg nur, von Birken gesäumt, ein paar Zaunpfähle und ein blühender, von Weißdorn durchsetzter Knick fügen sich zu einem filigranen Bild zusammen, dem es zwar an Dramatik, nicht aber an Vollkommenheit fehlt. In langsamen Wellen gleitet das Land dahin und beruhigt den, der sich über die schmalen Straßen treiben lässt.

Über die höher gelegenen Regionen führten schon im frühen Mittelalter die Heer- und Ochsenwege, die, von Jütland kommend, der Elbe zustrebten, und auch die erste gepflasterte Straße Schleswig-Holsteins wurde im Jahr 1832 auf dem Geestrücken angelegt. Ein Zeitgenosse hatte noch zwei Jahre zuvor die Straßen des Landes mit ihren holprigen Stein- und Knüppeldämmen, mit den elenden Brücken, „welche uns ebenso oft in die Gräben hinein als darüber hinwegführen", aufs Bitterste beklagt. Nur neun Stunden – und das war eine Sensa-

Nicht allzu furchterregend wirkt die Statue des Rolands in Bad Bramstedt, und dennoch garantierte das Abbild eines römischen Kriegers die Marktgerechtigkeit. In seinem Schatten fand jahrhundertelang der Ochsenmarkt statt, auf dem die aus Dänemark herangeschafften jütischen Rinder gehandelt wurden.

The statue of Roland in Bad Bramstedt does not look particularly intimidating, and yet this portrayal of a Roman warrior guarantees market rights. In its shadow, for centuries an oxen market was held at which Jutland cattle brought from Denmark were traded.

tion – dauerte die Fahrt über die neue „Kunststraße", die von Altona über Quickborn und Bad Bramstedt nach Kiel führte. Heute ist man auf der Autobahn nach einer Stunde am Ziel.

### Bad Bramstedt und sein Roland

Bad Bramstedt zeigt mit seiner markanten, die Marktgerechtigkeit symbolisierenden Rolandsfigur, womit man hier jahrhundertelang das Geld verdient hat. Unter der Skulptur eines 2,40 Meter großen vollbärtigen Mannes in römischer Kriegstracht – die heutige Rolandsfigur ist bereits die vierte – blühte das Geschäft. Jütische Rinderherden wurden auf dem Marktplatz, dem zweitgrößten in Holstein, zusammengetrieben, es wurde geschachert und gehandelt, und anschließend traf man sich zum geselligen Mahl. Von diesem Flair lebt der Ort noch heute. Rund um den Markt, den „Bleek", stehen die Häuser im großzügigen Karree, die Restaurants bieten tradi-

tionelle holsteinische Küche an, und man spürt viel von der Gastfreundschaft, die auf der Geest immer schon gepflegt wurde.

Mit dem Kurbetrieb hält man es ebenfalls schon lange in Bad Bramstedt, denn bald nachdem man im Jahr 1681 eine Heilquelle entdeckt hatte, rückten die ersten Badegäste an. Heute wird das hier vorkommende Naturmoor so erfolgreich bei rheumatischen Krankheiten eingesetzt, dass Bad Bramstedt zu den führenden Rheumabädern in Deutschland zählt. Eine weitverzweigte Auenlandschaft trägt wie ein riesiger Kurpark mit ausgedehnten Spazierwegen ebenfalls zur Heilung bei und verwöhnt mit Wasserlilien und stillen Mooren.

Einer der Ausflüge führt über idyllische Wege ins nahe Kellinghusen, wo das Fayencen-Museum heimische Töpferwaren zeigt, die sich durchaus mit der noblen französischen Konkurrenz von Limoges messen können. Die Teller mit dem gelben Rand und der mit breitem Pinselstrich floral gestalteten Borte kamen bei dem Adel und dem reichen

Bürgertum so gut an, dass in dem an der Stör gelegenen Ort nicht weniger als sechs Manufakturen im 18. und 19. Jahrhundert tätig waren. In Kellinghusen begegnen wir auch dem Schriftsteller Detlev von Liliencron, der von 1883 bis 1890 – zeitweilig als Kirchspielvogt – in der „Liliputstadt" gelebt und seine Erlebnisse mit den sich streitenden Bauern in witzigen Gedichten festgehalten hat. Immer von Geldnöten getrieben, hat er aber auch federleichte Schilderungen der holsteinischen Landschaft verfasst

Als im 18. Jahrhundert heiße Getränke wie Tee, Kaffee und Schokolade in Mode kamen, begann man auch in Deutschlands Norden nach Art der italienischen Stadt Faenza Keramiken herzustellen, die mit einer weißdeckenden, zinnhaltigen Glasur versehen sind. Blumenmotive und ein leuchtend gelber Rand sind typisch für die Fayencen der Kellinghusener Werkstätten.

In the eighteenth century, when hot drinks such as tea, coffee and chocolate came into fashion, people in the north of Germany, too, began making earthenware in the style of the Italian town of Faenza, which is finished with an opaque glaze which contains tin. Floral motifs and a bright yellow rim are typical features of the faïence from Kellinghusen workshops.

und den lichten Wäldern rund um Kellinghusen heitere Strophen gewidmet.

Mischwälder säumen die Straße, wenn man nun der Strecke nach Aukrug folgt. Der Naturpark Aukrug (ca. 380 Quadratkilometer) mit den Orten Hohenlockstedt, Hohenwestedt, Kellinghusen sowie Nortorf am Rand ist mit einem Anteil von 23 Prozent eine der waldreichsten Regionen Schleswig-Holsteins.

### Neumünster – (k)eine Stadt für Mönche

Wer Neumünster heute als moderne Stadt kennenlernt, kann sich nur schwer vorstellen, dass hier eine der ersten christlichen Kirchen stand. Bereits um 827 wurde in Wippendorp im Gau Faldera ein Gotteshaus errichtet. Doch erst als der spätere Bischof Vizelin um das Jahr 1127 hier ein Kloster gründete, dem er den lateinischen Namen „Novum Monasterium" (neues Münster) gab, blühte die Siedlung auf.

Wie Bad Bramstedt war auch der Großflecken Neumünster im Mittelalter vom Handel geprägt. Jenseits der Grenzen Schleswig-Holsteins wurde der Ort erst durch die Anfang des 19. Jahrhunderts gegründeten Tuchfabriken bekannt, die aus Neumünster ein kleines Manchester des Nordens machten. Bis 1991 wurden hier Stoffe aller Art hergestellt. Die letzte Fabrik schloss 1991 ihre Tore. Vielleicht würde kaum jemand an diese Vergangenheit erinnert, hätte die Stadt nicht

eine Menge engagierter Bürger. Bereits 1957 begannen die Neumünsteraner zu sammeln, was verloren zu gehen schien. Seltene Maschinen zum Weben, Spinnen und Stricken bilden heute, funktionsfähig wie eh und je, den Grundstock für das 2007 eröffnete Museum „Tuch und Technik". In einem hellen zweistöckigen Glasbau mit spannenden Durchblicken stehen die Veteranen von einst und begeistern bei regelmäßigen Vorführungen die Besucher. Daneben hat Neumünster aber auch seine Stadt- und Industriegeschichte präsentiert. Wer etwas über die Lebensbedingungen der Arbeiter im 19. und 20. Jahrhundert erfahren will, sollte dieses Haus an Neumünsters ältestem Platz nicht versäumen.

Nach schweren Zerstörungen im Zweiten Weltkrieg hat sich die Stadt mit knapp 80 000 Einwohnern zu einem bedeutenden wirtschaftlichen Zentrum entwickelt. Mit der Holstenhalle, in der sowohl klassische Konzerte als auch Viehauktionen stattfinden, hat sie eine moderne Arena zur Verfügung, die 4000 Sitzplätze bietet.

Unter den historischen Bauten bestechen das ehemalige Amtshaus Caspar Salderns mit Walmdach und dreiachsigem Portalrisalit, aber auch die von Christian Frederik Hansen entworfene Kirche, die romanische mit klassizistischen Elementen verbindet. Zu seinem berühmten Stadtschreiber fand Neumünster eher zufällig: 1929/30 hat der in Greifswald geborene Schriftsteller Hans Fallada als Anzeigenwerber und Repor-

ter beim „General-Anzeiger" gearbeitet und einen Bauernprozess, der 1929 in Neumünster stattfand, später in den Mittelpunkt seines Romans „Bauern, Bonzen und Bomben" gestellt.

Neumünster scheint eine so lebhafte Siedlung gewesen zu sein, dass die hier ansässigen Augustiner-Mönche ihr Kloster zwischen 1327 und 1332 auf eine kleine Insel am Eiderstedter See nördlich der Stadt verlegten. Hier in Bordesholm, das bald durch mehrere Dämme mit dem Ufer verbunden war, konnten sie wieder in Ruhe ihrem beschaulichen Klosterleben nachgehen. Für das Chorherrenstift aber wuchs in drei Bauabschnitten eine mächtige Kirche empor.

Mit der Überführung der Gebeine Vizelins wurde Bordesholm dann eine stark frequentierte Wallfahrtsstätte. Daneben war das Kloster aber auch ein Hort der Bildung und der Kultur. Die Bibliothek umfasste etwa 650 Handschriften, und es war kein Zufall, dass der berühmte Hans Brüggemann bis 1521 hier den „Bordesholmer Altar"

Die Vizelinkirche in Neumünster wurde um 1830 nach Plänen von Christian Frederik Hansen auf dem Gelände einer alten Feldsteinkirche errichtet. Das klassizistische Wahrzeichen der Stadt erinnert an Bischof Vizelin, der Neumünster im 12. Jahrhundert gegründet hat.

St Vizelin's Church in Neumünster was built in around 1830 according to plans by Christian Frederik Hansen on the site of an old stone church. The town's classicist emblem commemorates Bishop Vizelin, who founded Neumünster in the twelfth century.

Der „Bordesholmer Altar" entstand in einem bei Neumünster gelegenen Kloster. Meister Hans Brüggemann hat ihn zu Beginn des 16. Jahrhunderts in Holz geschnitzt. 1666 wurde das Meisterwerk auf Geheiß des Gottorfer Herzogs aus Bordesholm nach Schleswig gebracht und dort im Dom aufgestellt.

The "Bordesholm Altar" was produced in a monastery near Neumünster. Master Hans Brüggemann carved it in wood in the early sixteenth century. In 1666, by order of the Duke of Gottorf the masterpiece was taken from Bordesholm to Schleswig and erected in the cathedral there.

schnitzte, der heute im Schleswiger Dom besichtigt werden kann. Mit der Reformation endete auch in Bordesholm die Klostertradition, und die Mönche sollen, der Sage zufolge, mit wertvollen klerikalen Schätzen durch einen tatsächlich existierenden Tunnel davongeschlichen sein. Auf dem Klostergelände zog eine Gelehrtenschule ein, die später in die neu gegründete Kieler Universität überging.

Von der Klosteranlage blieb nur die mächtige, allerdings turmlose Kirche mit ihrem 30sitzigen Chorherrengestühl und

wertvollen Grabmalen erhalten. Im nahe gelegenen Bornhöved fanden gleich drei für Schleswig-Holstein wichtige Schlachten statt, die bedeutendste zweifellos auf dem Swentanafeld, als Graf Adolf IV. von Schauenburg zusammen mit der jungen Reichsstadt Lübeck und den Dithmarscher Bauern am 22. Juli des Jahres 1227, dem Tag der Heiligen Maria Magdalena, die Dänen schlug und damit den deutschen Einfluss in Holstein sicherte.

**Zeugnisse der Bauleidenschaft**

Doch wir wollen erst der Geest noch ein wenig folgen und wenden uns nun einer besonders idyllischen Landschaft zu. Der Naturpark Westensee wurde immer wieder wegen seiner landschaftlichen Harmonie gerühmt. Geradezu wohlig schmiegt sich der Westensee mit seinen Buchten und Schilfgürteln in Felder, Wiesen und Wald, und von Licht- und Schattenspielen begleitet, fährt man wie durch

einen riesigen Park. Gleich drei Herrenhäuser liegen im Naturpark Westensee, unter denen vor allem Emkendorf in der Literatur- und Kunstgeschichte eine wichtige Rolle gespielt hat.

Emkendorf ist das beeindruckende Ergebnis einer Leidenschaft, der in Schleswig-Holstein besonders viele Adlige zum Opfer fielen. Dem Wunsch, sein Haus in ein Kunstwerk zu verwandeln, erlag auch ein Paar, das geradezu ideale Voraussetzungen mitbrachte, um einen solchen Traum Wirklichkeit werden zu lassen: Als der junge Graf Friedrich Reventlow im Jahr 1779 die attraktive Julia Schimmelmann heiratete, da fanden Bildung und Geld, Schönheit und liberale Denkweise zueinander. Mit dem Baumeister Carl Gottlob Horn aus Sachsen stand bald auch ein genialer Architekt für die gemeinsame Passion bereit. Über mehrere Jahre zeichnete er immer neue Pläne und lieferte so das architektonische Gerüst für das neue Herrenhaus, das von dem Stukkateur Francesco Antonio Tadei und dem Maler Giuseppe Anselmo Pellicia ausgestaltet wurde. Aber mit den Handwerkern war es damals nicht anders als heute: Die Arbeiten zogen sich so in die Länge, dass Emkendorf über Jahrzehnte eine Baustelle war und Fritz Reventlow in einem Brief aus dem Jahr 1798 vom beschränkten Raum in dem großen, aber immer noch nicht eingerichteten Haus sprach.

„Die Canapee-Gräfin", wie der Dichter Matthias Claudius die immer kränkelnde Hausherrin nannte, holte in ihrem Haus viele Schriftsteller und auch französische Emigranten zusammen, sodass „Emkendorf zeitweilig einer großen Schreibstube glich", in der man „die Gäste mit Lektüre stopfte wie die Gänse mit Nudeln", wie eine Besucherin notierte. Die aufklärerischen und revolutionären Ideen aus Frankreich waren Gesprächsstoff genug, und so entstand hier – wie Henning von Rumohr schrieb – „eine Synthese von Bildung und Geist, von politischem Streben und künstlerischem Schaffen, von echter Religiosität und menschlicher Schwärmerei".

Heute ist Emkendorf im Besitz der Baronin Lüttwitz-Heinrich, die ihr Haus zu Konzerten und Führungen ganz im Sinne der Vorgänger öffnet. Während des Schleswig-Holstein Musik Festivals bietet das restaurierte Anwesen mit dem klassizistischen Herrenhaus eine ideale Kulisse für das sommerliche „Musikfest auf dem Lande".

In Emkendorf kann man sehen, wie ideal sich Landschaft und klassizistischer Baustil in Schleswig-Holstein ergänzen. Das in der zweiten Hälfte des 18. Jahrhunderts umgebaute Herrenhaus war Zentrum des „Emkendorfer Kreises". Dichter diskutierten hier mit den Mitgliedern der adeligen Familien über religiöse und philosophische Thesen.

In Emkendorf one can see how ideally landscape and classicist architecture complement each other in Schleswig-Holstein. The manor house, which was altered in the second half of the eighteenth century, was the centre of the "Emkendorf Circle," in which writers and poets discussed religious and philosophical theories with members of the aristocratic families.

Rendsburg besitzt mit der zwischen 1911 und 1913 erbauten Eisenbahnhochbrücke ein einzigartiges Industriedenkmal, das als „Eiserne Lady" in preußischer Disziplin immer noch Dienst tut. Mit vermindertem Tempo befahren die Züge das stählerne Viadukt, das den Nord-Ostsee-Kanal in einer lichten Höhe von 42 Metern überspannt.

Rendsburg's raised railway bridge, built between 1911 and 1913, is a unique industrial monument. This "iron lady" with Prussian discipline is still in service. Trains reduce speed to cross the steel viaduct which spans the Kiel Canal leaving 42 metres headroom.

Bescheidener, aber auch etwas intimer ist Deutsch-Nienhof ein paar Kilometer weiter, dessen möglicherweise ebenfalls von Horn gestaltete Fassade mit monumentaler Portalpartie besonders am Abend mit ihren beleuchteten Fenstern überaus einladend wirkt.

Pompöser bietet sich Schierensee dar, das sich der Diplomat Caspar von Saldern als Alterssitz in den Jahren 1774 bis 1778 erbauen ließ. Mit der Gartenanlage am Heeschenberg schuf er sich ein Kunstwerk, das mit Grotten und Schluchten überaus modern dem Geist der Zeit entsprach. In sieben einfachen Hütten – sogenannten Tranquillitati –

genossen seine Gäste die Natur wie in einer Einsiedelei und schwelgten in romantischen Gefühlen. Beinahe 200 Jahre sollte das Haus nach Salderns Tod ein eher bescheidenes Dasein führen, ehe es der Pressezar Axel Springer kaufte und mit einem nie dagewesenen Aufwand zu neuem Leben erwecken ließ. Heute gewährleistet die gemeinnützige Günther Fielmann Stiftung den Erhalt von Herrensitz und Gut.

## Schönheit im Lande: Rendsburg

Rendsburg ist mit knapp 30 000 Einwohnern und einer 800jährigen Stadtgeschichte eine eher verkannte Schönheit im Land. Dabei vereint die einstmals zweitgrößte Garnisonsstadt im dänischen Königreich zwei prägende Zeitepochen scheinbar mühelos miteinander – der Altstadt mit dem Altstädter Markt, den prachtvollen Bürgerhäusern und den engen Straßen steht das barocke „Neuwerk" mit seinen Garnisonsbauten gegenüber. Der Platz strahlt mit dem Arsenal, der Kommandantur und der Hauptwache

zwar eine großzügige Strenge aus, aber da man mit den sternförmig vom großen Exerzierplatz abgehenden Straßen symbolisch die Anordnung der königlichen Tischordnung wiederholt, hat man mit der Königinnen- oder der Kronprinzenstraße auch ein Stück Poesie in den Soldatenalltag gebracht. Selbst der Blumenschmuck auf der Tafel schlägt sich in den Straßennamen nieder, sodass man durch eine Rosen-, eine Lilien- und eine Tulipanstraße spazieren kann. Der schöne, beinahe römisch anmutende Kopf auf einer hohen Säule verkörpert den auf Sylt geborenen Uwe Jens Lornsen, „den ersten Märtyrer der Sache Schleswig-Holsteins", der sich für die Demokratisierung des Landes mit aufrührerischen Schriften eingesetzt hat und dafür in der Rendsburger Hauptwache eine siebenmonatige Haftstrafe verbüßen musste.

Ein wenig abseits vom Paradeplatz steht die zwischen 1695 und 1700 errichtete Christkirche, die so groß ist, dass darin die gesamte Garnison – also etwa 2000 Personen – während des Gottesdienstes Platz fand. Bereits 1695 gab

es in der Stadt eine jüdische Gemeinde. Ihre Synagoge wurde im Jahr 1844 durch einen Nachfolgebau ersetzt, in dem heute ein Jüdisches Museum eingerichtet ist.

Aber was wäre Rendsburg ohne seinen Hafen am Nord-Ostsee-Kanal, dem früheren Kaiser-Wilhelm-Kanal, den die Seeleute heute Kiel Canal nennen! Die Lage an der 98,637 Kilometer langen Wasserstraße mit ihrer durchschnittlichen Breite von 100 Metern hat der Stadt wirtschaftliche Impulse, aber auch ein einzigartiges technisches Kunstwerk beschert. Für 13,4 Millionen Goldmark wurde von 1911 bis 1913 die 68 Meter hohe Eisenbahnbrücke errichtet, für die

In den Hüttener Bergen taucht der Blick in grüne Welten ein. Von Knicks durchzogen, breiten sich Wiesen, Felder, Seen und Wälder aus. Der Naturpark gehört zu dem in der Eiszeit entstandenen Holsteiner Endmoränenland.

In the Hütten hills the eye plunges into a world of greenery. Crisscrossed by vegetation-covered banks, meadows, fields, lakes and forests stretch before you. The nature park is part of the Holstein landscape created by terminal Ice-Age moraines.

mit 17 200 Tonnen doppelt so viel Stahl verwendet wurde wie für den Eiffelturm. Damit die keuchenden Züge die lichte Höhe von 42 Metern über dem Wasser erreichen konnten, wurden kilometerlange Rampen gebaut, die in einer elliptischen Schleife in die Stadt hineinführen. Doch die „Eiserne Lady" stemmt nicht allein Züge und ihre Loks: Alle 15 Minuten bringt eine mit Seilen an der Brücke aufgehängte Schwebefähre Fußgänger und Autos über den Kanal. Solche Fähren und Brücken sind selbst heute, da es auch Tunnelquerungen gibt, immer noch ein wichtiges Bindeglied, denn willkürlich waren bei dem Bau der künstlichen Wasserstraße die Lebensräume der Bauern in den Dörfern auseinandergerissen worden. Dass man Kaiser Wilhelm II. dennoch zujubelte, als er im Jahr 1895 mit seiner Jacht „Hohenzollern" erstmals die Wasserstraße befuhr, lag an dem ganz neuen Gefühl, plötzlich mit den Weltmeeren verbunden zu sein. Zudem bescherte der Kanal den Rendsburgern gänzlich ungewohnte Ausblicke, derentwegen man auch heute

noch ins Schwärmen gerät. Während man beispielsweise auf der Terrasse des 1874 gegründeten ConventGartens beim Cappuccino sitzt, zieht ein riesiger Frachter wie ein Phantom vorüber. Matrosen winken von der Reling herab.

Fernweh und Heimweh – auch uns treibt die Sehnsucht weiter nach Norden, wo man im Naturpark Hüttener Berge in einer von Knicks durchzogenen Wiesen- und Felderlandschaft ankommt.

Wer es dagegen feuchter liebt: Bei Rendsburg beginnt eine Region, die ihresgleichen selbst im wasserreichen Schleswig-Holstein sucht. Die ganze Landschaft Stapelholm mit den Flüssen Eider, Treene und Sorge ist ein Naturraum, in dem man noch einzigartige Erfahrungen machen kann. In Süderstapel, malerisch an einer Eiderschleife gelegen, nisten die Weißstörche, und auch in Bergenhusen beziehen sie jedes Jahr auf den Reetdächern Quartier. Für Kanuten und Wanderer ist das nasse Dreieck eine Traumregion: Wer mit dem Boot unterwegs ist, kann sich hier fast wie in der Camargue fühlen.

Der Mittelteil des Landes zeigt, dass Schleswig-Holstein nicht nur das Meer zu bieten hat. Endlos dehnen sich im Mai die Rapsfelder unter dem hohen Himmel – die „Rhapsodie in Blau und Gelb" erhält wie hier auf dem Bild durch den blühenden Mohn noch einen speziellen Akzent. Ein windgepeitschter Baum scheint sich vor solcher Farbenfülle beinahe zu verbeugen. – Schleswig-Holstein ist eines der größten Rapsanbaugebiete Deutschlands. Dank guter Böden und einer optimalen Witterung werden hier besonders hohe Erträge erzielt. Als Grundstoff für die Herstellung von Speiseöl finden die kleinen Früchte ebenso Verwendung wie bei der Produktion von umweltfreundlichem Bio-Diesel. Den Bienen aber liefern die „schönsten Ölfelder der Welt" den Nektar, aus dem sie den begehrten Rapshonig zaubern.

The central part of the state shows that Schleswig-Holstein has more to offer than sea. In May, fields of rape stretch endlessly beneath the tall sky. As seen here in the picture, the rhapsody in blue and gold is beautifully accentuated by the flowering poppies. A wind-whipped tree seems almost to be bowing before such a riot of colour. Schleswig-Holstein is one of Germany's largest rape-growing areas. Thanks to good soil and optimum weather conditions, the yields here are particularly high. Rape-seed is used both for making edible oil and in the production of environmentally friendly diesel oil. For bees, however, the "loveliest oil-fields in the world" are the nectar from which they conjure up the sought-after rape-blossom honey.

Im Einklang mit der
Natur befindet man sich
immer wieder im wasser-
reichen Schleswig-Hol-
stein. Eine Bootspartie
gehört zu den Vergnü-
gungen, für die man
wenig Vorbereitungen
braucht: Ein Boot, ein
paar Ruder und ein
Eimer für den frisch
gefangenen Fisch reichen
aus, um sich meilenweit
vom Alltag zu entfernen.
Eine Möwe begleitet den
Wassertörn und trägt wie
die dichten Schilfgürtel
zum Idyll bei.

In water-rich Schleswig-
Holstein time and again
you find yourself in tune
with nature. A boat
outing is one of the
pleasures that require
little forward planning.
All you need to get miles
away from the daily
grind is a boat, a pair of
oars and a bucket for
freshly caught fish. A
seagull accompanying
the cruise on the water
adds to the idyll, as does
the dense belt of reeds.

Frühling in Mittelholstein: Pferde haben es gut im Land zwischen den Meeren, und das gilt nicht allein für die Zeit, in der sich der Löwenzahn buttergelb gegen das Grün der Wiesen durchsetzt. Die Pferdezucht ist ein wichtiger Faktor in der Landwirtschaft. Neben Hannoveranern und Trakehnern werden vor allem Holsteiner gezüchtet, die sich als nervlich robuste Leistungspferde in vielen Disziplinen einen Namen gemacht haben.

Springtime in central Holstein: horses have a good life in the federal state between the seas, and not only in the season when the bright yellow dandelions are asserting themselves against the green of the meadows. Horse-breeding is an important farming factor. Along with Hanoverians and Prussian Trakehners, the main type bred here are Holsteiners, which have made a name for themselves in many disciplines as competition horses with strong nerves.

Idylle vom Reißbrett: Der Nord-Ostsee-Kanal wurde 1887 auf Betreiben von Reichskanzler Otto von Bismarck begonnen und 1895 fertiggestellt. Den Namen Kaiser-Wilhelm-Kanal trug die 98,6 Kilometer lange Wasserstraße bis 1948, dann wurde sie in Nord-Ostsee-Kanal umgetauft. Als die meistbefahrene Wasserstraße der Welt und schnellste Verbindung zwischen Nord- und Ostsee hat der „Kiel Canal" ein besonderes Flair. Für die Seeleute besteht der Reiz nicht zuletzt darin, dass sie sich an Bord der gemächlich dahinziehenden Schiffe – wie hier bei Flemhude – fast im Urlaub fühlen können. Malerische Ufer begleiten die künstliche Wasserstraße.

A drawing-board idyll: The Nord-Ostsee-Kanal, better known in English as the Kiel Canal, was started in 1887 at the instigation of Reich Chancellor Otto von Bismarck, and completed in 1895. Until 1948 the 98.6-kilometre-long waterway was called the Kaiser-Wilhelm-Kanal, before being renamed. As the world's most-travelled waterway and quickest link between the North Sea and the Baltic, the Kiel Canal has a special aura. For seafarers, the canal's charm lies not least in the fact that on board one of the vessels making its leisurely way past the picturesque banks, they can almost feel as if they were on holiday.

Kenner haben längst
begriffen, welche Schön-
heiten der mittlere Teil
Schleswig-Holsteins
bereithält. Der Westen-
see, von Wald und Wie-
sen eingerahmt, hat mit
Buchten, Inseln und
Schilfgürteln noch weit-
gehend seinen Charakter
als „vielarmiger See"
bewahrt. Das fischreiche
Gewässer kann auf
abwechslungsreichen
Wegen umrundet wer-
den. Auf einem 22 Kilo-
meter langen Parcours
kommt man an Dörfern
und einladenden Bade-
stellen vorbei.

Connoisseurs have long
since been aware of the
beauties that the central
part of Schleswig-Hol-
stein has to offer.
Framed by woods and
meadows, the Westensee
with its bays, islands and
belts of reed has largely
retained its character as a
"many-armed lake."
Varied paths run right
round the lake, which is
rich in fish. The 22-kilo-
metre route leads past
villages and inviting
bathing spots.

# Die Holsteinische Schweiz
# und die Probstei

Die auf- und absteigende
Felderlandschaft der
Holsteinischen Schweiz
lädt zu idyllischen Wan-
derungen ein. Wenn der
Raps blüht, breiten sich
die goldgelben Schläge
neben sattgrünen Wiesen
aus.

These undulating fields
form an enticing land-
scape for idyllic walks.
When the rape is in
bloom its golden-yellow
swathes spread out
alongside lush green
meadows.

Nicht Kilimandscharo oder kalifornischer Strand, nicht Südseeinsel oder tibetanisches Hochland: Wenn Meinungsforscher die Menschen nach einer Traumlandschaft fragen, dann entscheiden sich die meisten nicht für heroische Gegenden. Eine parkartige Landschaft soll es sein mit Berg und Tal, mit Bach und See, mit Wiesen, Feld und Wald. Eine Landschaft, die der entspricht, in der die ersten Menschen gelebt haben. Damals, als es noch Paradiese gab.

Wer in die Holsteinische Schweiz reist, glaubt immer wieder, im Garten Eden zu sein. Denn schon ein Steg am Wasser, eine Bank hoch über dem See, ein schmaler Weg durch ein blühendes Rapsfeld reichen aus, um die Vollkommenheit dieser Szenerie zu begreifen.

„Es gibt ohne Zweifel Landschaften von auffallenderer Schönheit, von großartigerer Wirkung, von reicherer Fruchtbarkeit des Bodens, sicherlich aber keine, die lieblicher zum Auge und gewinnender zum Herzen spricht als die unsrige", hat Johann Heinrich Voß bereits vor 200 Jahren notiert. Sein Freund, der weit gereiste Friedrich Leopold Graf zu Stolberg, brachte es noch knapper auf den Punkt, als er kundtat: „Ich habe mehr Lieblingssitze, als der König von Dänemark Lust-Schlösser hat."

## Malerisches Erbe der Eiszeit

Dabei hatte alles mit Chaos begonnen, denn die Holsteinische Schweiz ist geologisch nichts weiter als das ungeordnete Erbe der letzten Eiszeit. Berge von Geröllschutt hatten die Gletscher bei ihrem nur noch dem Ostseeraum geltenden Vorstoß vor 15 000 Jahren vor sich her geschoben und Findlinge und riesige Granitquader aus Skandinavien herangeschleift. Unermüdlich hobelnd, trugen die Gletscherzungen durch die Ausschürfung von Zungenbeckenseen zur Landschaftsbildung bei, und nach und nach ließen veränderte Temperaturen auch die mächtigen Toteisblöcke zu Seen schmelzen. Für Grün sorgte schließlich die Vegetation, die das wellige Land allmählich mit einer dichten Pflanzendecke überzog.

Anfangs waren es nur ein paar wagemutige Jäger, die in das Gebiet des heutigen Ostholstein vordrangen, aber dann, als es immer wärmer und angenehmer wurde im rauen Norden, da siedelten sich die Menschen auch auf Dauer an. Um 400 n. Chr. entleerte sich durch die Völkerwanderung das zuvor von den Germanen bewohnte Land, doch schon ein Jahrhundert später drangen, von Osten kommend, die Slawen in die sumpfigen Gebiete vor. An Flüssen und Seen bauten die wendischen Wagrier bevorzugt ihre Siedlungen und lebten hier vom Fischfang und vom Ackerbau.

Mit der Unterwerfung der heidnischen Bevölkerung im Namen des Kreuzes und der Einsetzung Adolfs von Schauenburg als Graf von Holstein und Stormarn im Jahr 1111 begann dann eine neue Epoche. Siedler aus Flandern, Westfalen und Holland strömten in die Gebiete rund um Eutin, Lütjenburg und Plön und machten sich daran, das Land nach ihren Vorstellungen zu gestalten. Bis heute blieb das östliche Holstein Bauernland, in dem die Mähdrescher eine ebenso große Rolle spielen wie die Lustbarkeiten an den Seen.

## Im Lustboot auf dem Wasser

Schon um die Jahrhundertwende, als der Begriff „Holsteinische Schweiz" von einem findigen Hotelier als Werbeslogan eingesetzt wurde, lockte die Unberührtheit der Natur die Menschen an. Man hatte die Stadt mit den hetzenden Pferdedroschken gründlich satt und zog es vor, sich in Lustbooten über das Wasser fahren zu lassen, oder man spazierte mit den herausgeputzten Kindern an der Hand am Ufer des Sees entlang. Die Eisenbahn war der Transporteur des sonntäglichen Glücks, seit man die Strecke im Jahre 1888 bis Malente-Gremsmühlen geführt hatte.

Malente-Gremsmühlen, wo der kleine Bahnhof noch immer so aussieht, als kämen die Reisenden mit dem Schrankkoffer an, ist auch der ideale Ausgangspunkt für eine Entdeckungsreise in die Holsteinische Schweiz, denn gleich zwei „Hausseen" – Diek- und Kellersee – schieben sich malerisch in den Ort hinein. Malente und Gremsmühlen, seit 1905 zu einem Gemeinwesen vereint und seit 1955 Kurbad, halten mit der frühgotischen Feldsteinkirche, der Tews-

Kate, der ältesten Räucherkate Holsteins, und dem in ein natürliches Waldgebiet hinein komponierten Kurpark aber auch kulturhistorische Kostbarkeiten bereit. Ein wenig versteckt liegt am Ufer der Schwentine die „Gremsmühle", in der ein einfallsreicher Gastwirt schon vor 130 Jahren sommerliche Feste veranstaltete und dabei auch den nahen See in sein „Marketing-Konzept" einbezog.

Ein paar Schritte nur sind es von dem auch heute noch als Hotel und Restaurant geführten Haus hinüber zum Anleger der Fünf-Seen-Fahrt, wo man in einem verglasten Schiff mit offenem Sonnendeck zu einer wasserblauen Fahrt aufbricht. Über den Diek- und den Langensee, den Behler See, den Höft- und den Edebergsee geht es an dem romantischen Timmdorf vorbei zu der einstigen Zollstation „Fegetasche", die heute als Hotel die Reisenden nicht mehr aus- sondern angenehm aufnimmt. Ein Traumblick auf den See erwartet den Besucher, der auf den breiten Terrassen Platz genommen hat und bei einer Scholle oder einer Gänsekeule in Sauer dem eleganten Fährbetrieb zusieht. Ganz leise rascheln die Schilfgürtel, die Sonne lässt das Wasser wie Silber schimmern, still ruht der See. Seit 1926 gibt es die Fünf-Seen-Fahrt, nachdem bereits 1882 die Kellerseefahrt von zwei Eutiner Geschäftsleuten gegründet worden war.

Die 200 Seen sind das Kapital der Holsteinischen Schweiz, doch es ist nicht allein die Zahl, die zu Buche schlägt. Wer die Holsteinische Schweiz mit dem Kanu, zu Fuß, mit dem Auto oder – was dank eines bestens ausgebauten Radwegenetzes immer wieder ein Erlebnis ist – mit dem Fahrrad erkundet, ist von der Vielseitigkeit der Gewässer überrascht. Jeder See hat sein eigenes Gesicht, ist feierlich wie der Kellersee, gesellig wie der Plöner See, geheimnisvoll wie der Ukleisee, wiesig sanft wie der Belauer See oder familiär wie der Neukirchener See. Der Eutiner See schließlich bringt als Schlossgewässer Eleganz und Nobilität ein.

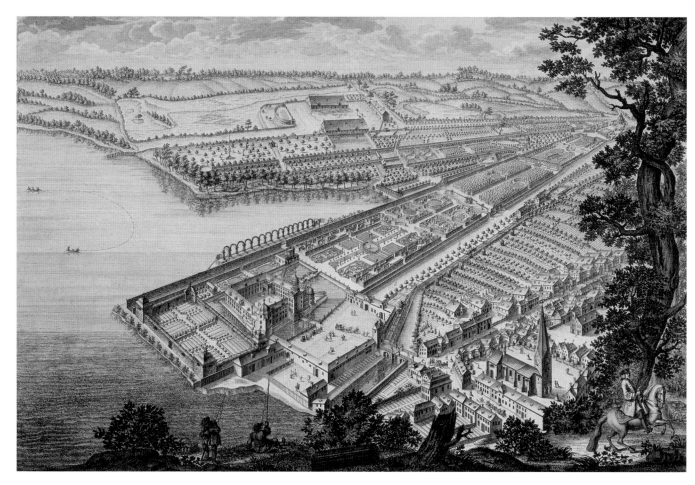

## Eutin, die Residenz der Rosen

Eutin gesteht seinem See mit einer weit-geschwungenen Stadtbucht eine wichtige Rolle im Stadtbild zu. Ursprünglich be-fand sich eine Slawensiedlung auf der gegenüber dem Schloss gelegenen Fasa-neninsel, doch der Platz darauf reichte den neuen Bewohnern nicht aus, als sie sich an die Gründung einer holsteini-schen Siedlung machten. Bischof Gerold setzte 1156 fest, wie Eutin auszusehen hatte, und bis heute erstreckt sich der Marktplatz mit der ihn hoch überragen-den Kirche in den alten Dimensionen.

Zur bischöflichen Residenz wurde Eutin im Jahr 1309, als der Lübecker Bischof Burkhard von Serkem nach einem Streit mit dem Lübecker Rat für längere Zeit nach Eutin umzog und hier eine Burg errichten ließ. Mit der Einrich-tung eines Kollegiatstifts war eine Vor-aussetzung dafür geschaffen, dass sich Eutin von einer kleinen Landstadt zu einem geistlichen Territorium entwickeln konnte. Bis 1800 sollte Eutin Residenz der anfangs katholischen und nach der Reformation protestantischen weltlichen Fürstbischöfe sein, die ihr kleines Reich geschickt durch die Zeiten gesteuert haben – gekoppelt mit einem ausgepräg-ten Sinn für Repräsentation.

Sichtbares Zeichen dieses Strebens ist das prachtvolle Schloss, das nach dem Brand eines Vorgängerbaus im Jahr 1689 im spätbarocken Stil errichtet wurde. Nach aufwendiger Renovierung kann die einstige fürstbischöfliche Resi-denz mit ihren Gemäldesammlungen und Salons, mit der Schlosskapelle und dem „Europasaal" wieder besichtigt werden. Den französischen Park dagegen, der sich einst mit Wasserspielen, schattigen Lustgängen und üppigen Bosketten neben dem See erstreckte, gibt es nicht mehr. Im ausgehenden 18. Jahrhundert wurde er in einen Englischen Land-schaftsgarten umgewandelt, der heute mit Grotten und Lusttempeln und einer 200 Jahre alten Lindenallee die Besucher entzückt. Wer an lauen Sommerabenden durch den Park schlendert, hört viel-leicht das Liebessehnen der Carmen. Jedes Jahr findet auf der Freilichtbühne am See ein Opern-Festival statt.

Eutins Geschichte ist eng mit dem Schloss verbunden, und die Lieferanten und Handwerker der Stadt haben ebenso wie die bei Bällen aufspielenden Musiker

Beinahe wie eine Foto-grafie wirkt der Stich, den Joh. Christian Löwen (genannt Lewon) im Jahre 1740 von dem Eutiner Schlosspark anfertigte. Nach dem Vorbild von Versailles hatten die Eutiner Fürst-bischöfe den prachtvol-len französischen Garten zu Beginn des 18. Jahr-hunderts anlegen lassen. Um 1800 entstand an seinem Platz dann, dem Zeitgeist folgend, ein heute noch existierender Englischer Landschafts-park.

This engraving of the Eutin Schlosspark done by Johann Christian Löwen (alias Lewon) in 1740 looks almost like a photograph. The Prince Bishops of Eutin had the magnificent French gar-den laid out in the early eighteenth century on the model of Versailles. In around 1800, after the fashion of the day, it was replaced by the Eng-lish-style landscape park which remains today.

von der Residenz profitiert. Einem Hofkapellmeister wurde hier ein Sohn geboren, der sich noch heute äußerst werbewirksam vermarkten lässt. Carl Maria von Weber, Komponist des „Freischütz" und einer der Hauptvertreter der deutschen Romantik, kam 1786 in der Lübecker Straße zur Welt, und obwohl er schon nach einem halben Jahr mit seinen Eltern von dannen zog, blieb er doch ein Eutiner. Die Bürger feierten ihn immer als einen der ihren.

Zum Ruhm der Stadt als „Weimar des Nordens" trug ganz entscheidend der Homer-Übersetzer Johann Heinrich Voß (1751–1826) bei, der von 1782 an über 20 Jahre als Rektor an der Gelehrtenschule tätig war. In der am Eutiner See gelegenen „Residenz der Rosen" hat Voß gelebt und zusammen mit seiner resoluten Frau Ernestine Dichter und Philosophen wie Matthias Claudius, Johann

Caspar Lavater, Wilhelm von Humboldt und viele andere unter seinem Dach bewirtet.

Ein bedeutender Bewohner der Schlossstadt war wenig später auch Johann Heinrich Wilhelm Tischbein (1751–1829), der seit 1809 in Eutin lebte und dort eine Fülle von Landschafts- und Porträtgemälden geschaffen hat. Nach seinen Entwürfen wurden auch die eleganten klassizistischen Kachelöfen angefertigt, die als Tischbein-Öfen in die Kunstgeschichte eingegangen und im Ostholstein-Museum zu besichtigen sind.

Überhaupt Noblesse: Eutins Marktplatz ist von klassizistischen Häusern umrahmt, die Stolbergstraße glänzt mit den vornehmen Kapitelhöfen, und in der Stadt haben Rosen ihren Platz. Eutin hat sich zur Rosenstadt erklärt und lässt an Fassaden und Mauern, auf Beeten und Rabatten die Königin der Blumen ranken. Immerhin ziert eine Rose auch das Wappen der Stadt.

## Schlosskultur in Plön

Dass die Holsteinische Schweiz mit dem nur 15 Kilometer entfernten Plön gleich noch ein weiteres Schloss zu bieten hat, trägt nicht unwesentlich zu dem vornehmen Ruf der Gegend bei. Weiß und herrisch ragt der strenge Renaissancebau über der Stadt auf, und man beneidet die Besucher der Akademie für Augenoptiker, die heute in den hohen Räumen unterrichtet werden.

Das Plöner Schloss bietet auch auf der dem See zugewandten Seite einen imponierenden Anblick. 1633 bis 1638 wurde das Gebäude im Stil der Renaissance als Residenz des Herzogs von Schleswig-Holstein-Sonderburg-Plön errichtet. Die Terrasse, einst dem Hofstaat vorbehalten, steht heute allen Besuchern offen. Weit geht von hier aus der Blick über den Großen Plöner See.

Even on the side facing the lake, Plön Castle is an imposing sight. The Renaissance-style building was built between 1633 and 1638 as the seat of the Dukes of Schleswig-Holstein-Sonderburg-Plön. The terrace, once the reserve of the court, is now open to visitors. From it there is a wide-ranging view across the Grosser Plöner See (Great Plön Lake).

Schönwalde reicht. Neben den Seen sind es die Flusstäler, die dieser Region ihre Einzigartigkeit geben. Aber auch die hohen, hellen Buchenwälder tragen zur Vielfalt bei. Eine Fahrt rund um den Plöner See führt immer wieder durch hohen schattigen Wald, aber auch durch idyllische Dörfer.

Von Plön aus bieten sich Exkursionen in den südlichen Teil der Holsteinischen Schweiz an, der immer noch als Geheimtipp gilt. Bad Segeberg mit den sommerlichen Karl-May-Festspielen, der Stocksee, der Wardersee und die vielen reizvollen Herrenhäuser wie Nehmten, Muggesfelde, Pronstorf und Seedorf lassen die Fahrt zu einem kleinen Abenteuer werden. Eine überaus reizvolle Strecke führt dann ostwärts über Eutin nach Schönwalde, das sich am Fuße des 168 Meter hohen Bungsberges erstreckt. Der höchste Berg Schleswig-Holsteins macht sich mit zwei Türmen noch ein bisschen größer, als er ohnehin schon ist. Von der Aussichtsplattform des TV-Turmes hat man den Rundblick schlechthin, von den großen Seen im Süden über Ostsee und Fehmarn bis hin zur Hohwachter Bucht.

Wie Eutin ist auch Plön aus einer slawischen Siedlung hervorgegangen. Zu seinem eleganten Prunkbau kam es, als Landesfürst Joachim Ernst von Schleswig-Holstein-Sonderburg-Plön die Stadt im Jahr 1633 zur Kapitale seines eher bescheidenen Herzogtums erkor und seiner aus dem Hause Gottorf stammenden Frau ein repräsentatives Schloss auf den schönsten Bauplatz des Landes stellte. Weit schweift der Blick von hier aus über Buchten und Inseln bis zu der in der Ferne aufleuchtenden weißen Bosauer Kirche hin.

Seine Blütezeit erlebte Plön unter Herzog Friedrich Carl (1729–1761), der in dem absolutistischen Streben nach Vollkommenheit eine Reihe höfischer Bauten schuf und das Schloss im Inneren prachtvoll ausstaffierte. Den Schlossgarten legte er als „jardin ducal" in solchen Dimensionen an, dass nun niemand mehr vom „Zwergenstaat" sprach. Doch

da er keinen legitimen männlichen Erben hinterließ, fiel der gesamte Besitz nach seinem Tod an Dänemark. Das Herzogtum Schleswig-Holstein-Sonderburg-Plön schloss nach einem guten Jahrhundert die Akten. Für kurze Zeit sollte das Schloss nach 1840 noch einmal Sommerresidenz des dänischen Königs werden, danach verlor Plön endgültig den Status einer Residenz.

Die Bürger-Stadt, die sich malerisch zu Füßen des Schlosses ausbreitet, hat immer ihr eigenes Leben geführt, und das ist bis heute so geblieben. Man flaniert und parliert in der Langen Straße, stattet der Kirche einen Besuch ab oder lässt sich am Bahnhof von jenem Bild entzücken, das die Filmemacher immer wieder nach Plön gezogen hat. Mit quietschenden Bremsen laufen die Züge auf der kleinen Station ein, deren Bahnsteige unmittelbar am Wasser liegen.

Der See ist der Plöner liebster Ausflugsort. Man segelt, paddelt, schwimmt und rudert, tritt eine Rundfahrt an oder lässt sich irgendwo am Wasser nieder. Der Schlosspark, auch wenn er stark verändert wurde, ist mit seinem Rokoko-Palais als Entree immer noch ein Eldorado für Verliebte und Connaisseure der Gartenkunst.

Der Große Plöner See ist mit 2900 Hektar der größte See im „Naturpark Holsteinische Schweiz", der mit 40 x 40 Kilometern Ausdehnung im Norden bis Wangels, im Westen bis Ascheberg, im Süden bis Pronstorf und im Osten bis

Der am Ufer des Großen Plöner Sees gelegene Erholungsort Bosau besitzt neben einer aus dem 12. Jahrhundert stammenden Feldsteinkirche einen der schönsten Friedhöfe des Landes. Unter hohen Bäumen reihen sich die Gräber auf. Schützend hat ein Engel seine Flügel über einer letzten Ruhestätte ausgebreitet.

In addition to a twelfth-century stone church, the health resort of Bosau on the shore of the Grosser Plöner See boasts one of the state's most beautiful cemeteries. The graves stand in rows beneath tall trees, while an angel has spread its wings over one final resting-place.

Lütjenburg war immer eine Stadt, in der sich das Leben rund um den Marktplatz abspielte. Mit dem 1576 erbauten Färberhaus besitzen die Lütjenburger eines der ältesten profanen Gebäude des Landes. Kunstvolle Schnitzereien zeigen, wie effektvoll sich auch eine Handwerkerzunft in Szene zu setzen verstand.

Lütjenburg has always been a town in which life was centred on the market square. The townspeople have one of the state's oldest secular building, the Dyers' House built in 1576. Artistic carvings show how effectively a craftsmen's guild was able to promote itself.

## Eine Schweiz mit Ostseeblick

Wasser, immer wieder Wasser begleitet uns, wenn wir uns nun für die Nordroute entscheiden, die durch das Kossautal auf Lütjenburg zu führt. Der Kossau wurde in diesem Teilstück vom Naturschutz eine vollkommene Ruhepause verordnet, sodass sich das Flusstal heute mit umgestürzten Eichen, knorrigen Weiden und schilfigen Ufern in wilder Schönheit neben der Straße hinzieht. In einer eleganten Schleife umfließt der Fluss die Stadt Lütjenburg und mündet dann bei Hohwacht in die Ostsee.

Hier bei Hohwacht schiebt sich die Holsteinische Schweiz mit ihren Ausläufern an das Meer heran und kokettiert geradezu mit einer Kombination von See und Seen. Vier malerische Binnengewässer umgeben den Badeort, der viel von seinem alten Charme behalten hat.

Mit Lütjenburg ist Hohwacht durch eine der schönsten Eichenalleen des Landes verbunden, die in ihrer Gesamtheit als Naturdenkmal eingetragen ist. Lütjenburg selbst ist als imposante „Bergstadt" ein geselliger Ort, in dem Marktplatz und Kirche immer die Zentren waren. In der Mitte des 12. Jahrhunderts gegründet, konnte St. Michael als spätromanischer Backsteinbau fast unverändert die Zeiten überdauern. Neben spätgotischem Schnitzaltar und Triumphkreuz ist das 1608 geschaffene Grabmal der Reventlows bemerkenswert.

Der Blick in die Vergangenheit ist in Lütjenburg gleich zweimal möglich. Während man im Eiszeitmuseum im nahen Nienthal eine Zeitreise in die Periode antreten kann, als Schleswig-Holstein von mächtigen Gletschern bedeckt war, erinnert eine Anlage ein paar Hundert Meter weiter an die Zeit der Besiedlung Ostholsteins. In den weitläufigen Feldern ragt eine Turmhügelburg auf, die mit Schmiede, Gesindehaus, Ritterhaus und Wirtschaftsgebäuden die Kämpfe zwischen den Slawen und Christen heraufbeschwört.

Im Umland von Lütjenburg sind es – wie in Giekau, Selent, Blekendorf und Kirchnüchel – die Kirchen, die mit kunstvoll gestalteten Mauern aus Feld- und Backsteinen markante Zeugnisse der frühen Christianisierungszeit sind. Doch so mächtig sie auch aufragen mögen: Hier im „Grafenwinkel" sind es ebenso die Herrenhäuser, die Zeichen setzen. Ob in Waterneversdorf oder in Neudorf, in Helmstorf oder in Kletkamp, in Neu-

Wo Maler ins Schwelgen gerieten: Der Blick auf das Gut Waterneversdorf, den Großen Binnensee, Haßberg und die dahinter liegende Ostsee wurde immer wieder von den Spätromantikern gemalt. Das Parkartige der Landschaft zeichnet auch heute noch die Gegend um Lütjenburg aus.

Where painters fell into raptures: the view of Waterneversdorf Manor, the Grosser Binnensee (Great Inland Lake), Hassberg and the Baltic beyond was painted time and again by late Romantic artists. To this day the Lütjenburg area is distinguished by its park-like scenery.

haus oder in Rastorf mit seiner barocken Gutsanlage – immer wird man sich einfangen lassen von dem Charme dieser Herrenhaus-Anlagen, denen trotz ihrer glänzenden Fassaden alles Aufdringliche fehlt. Gewaltige Scheunen bilden zusammen mit dem Herrenhaus und dem Torhaus ein geschlossenes Karree, das den praktischen Bedürfnissen in der Landwirtschaft diente, dabei aber nie die Harmonie außer Acht ließ.

Der Gutsherr von Panker wollte sich allerdings nicht allein mit dem Anblick seiner stattlichen Hofanlage begnügen. Er stellte im Jahr 1841 einen achteckigen Aussichtsturm mit Zinnen und Erkern auf den höchsten Berg seines Gutsbezirks, den einst nur erlauchte Gäste besteigen durften, der heute aber allen Besuchern offen steht für einen Malerblick; denn rund um den Pielsberg verbinden sich die Farben der Felder mit ihren Grün-, Braun- und Gelbtönen mit

dem Blau der Ostsee und dem Dächerrot der Dörfer zu einer sommerlichen Symphonie.

Türkisfarben schimmert in der Ferne der Selenter See. Dieser zweitgrößte See Schleswig-Holsteins verzichtet auf alles Laute. Einsame Spazierwege umgeben

Kein Schloss, sondern das Wohnhaus eines etwas großzügiger denkenden Adeligen: Das prachtvolle, von Otto Graf Blome in den Jahren 1882/83 errichtete Salzauer Herrenhaus trägt nur im Volksmund den Namen „Schloss", als Residenz wurde es nie genutzt. Heute ist es ein Kulturzentrum des Landes und ein Schauplatz des Schleswig-Holstein Musik Festivals.

Not a palace, but the home of a somewhat generous-minded noble: though commonly referred to as a "Schloss," the magnificent manor house of Salzau, built by Otto Count Blome in 1882/83, was never used as a royal residence. It is now one of the state's cultural centres and a Schleswig-Holstein Music Festival venue.

ihn, von Buchten und Badestellen unterbrochen. Ein paar Dörfer nur liegen in dem einst von großen Gütern beherrschten Gebiet, in dem neben der Landwirtschaft auch der Fischfang eine wichtige Rolle gespielt hat. Im Selenter See, der zum Typ der Klarwasserseen gehört, lebt immer noch die Große Maräne, ein Edelfisch und Zeuge der Eiszeit, der auf große Tiefe und kaltes Wasser angewiesen ist. Die Fischerei auf dem Selenter See wird vor allem von Bellin aus betrieben, wo die Fischerei Reese neben der Kleinen und der Großen Maräne auch Zander und Hecht, Forelle, Aal und Saibling frisch und geräuchert verkauft.

Am gegenüberliegenden Ufer, in Salzau, liegt nicht weit vom Selenter See entfernt ein Kulturzentrum Schleswig-Holsteins. Das Herrenhaus ist mit seinen Scheunen ein Veranstaltungsort des Schleswig-Holstein Musik Festivals und für alle Musikkenner ein wahrhaft klangvolles Ziel. Der Pianist Justus Frantz hatte 1986 die Idee zu dem musikalischen Sommerfest in den Scheunen, das bald schon Musiker wie Leonard Bernstein und Sergiu Celebidache begeistert anreisen ließ. Als Spielstätten hatte man von Anfang an nicht hüstelnde Konzertsäle im Visier, sondern romanische Kirchen, Herrenhausdielen, Kuhhäuser und die alten reetgedeckten Scheunen. Ganz im Sinne der Romantiker holte man die Kunst in die Natur und genoss das ganz andersartige Ambiente.

## Von „frommen Frolleins" in der Probstei

Auch Preetz hat sich heute mit seiner Klosterkirche in die Reihe der Spielorte dieses überaus erfolgreichen Festivals eingereiht. Die Schwentine, der „heilige Fluss" der Slawen, verbindet den Selenter See mit der Klosterstadt. In Preetz gönnt sich Holsteins emsigster Fluss allerdings ein bisschen Stadtluft, ehe er sich wieder von Wiesen begleiten lässt. Ein Benediktiner-Nonnenkloster wurde in der Mitte des 13. Jahrhunderts am Ufer der Schwentine gegründet, und wenn auch manches Klausurgebäude längst abgerissen ist, so fügen sich doch gotische, barocke und klassizistische Bauten zu einer malerischen Klosteranlage zusammen, die von der im 13. Jahr-

Der Dachreiter auf der Klosterkirche in Preetz zeigt, dass das Gotteshaus von den Benediktinerinnen gegründet wurde. Seit der Reformation dient die weitläufige Anlage als adeliges Damenstift. Die Klosterkirche beherbergt zahlreiche kostbare Kunstschätze, darunter den Nonnenchor.

The roof turret on the monastery church in Preetz shows that the church was founded by Benedictine nuns. Since the Reformation the extensive complex has been a home for gentlewomen. The monastery church houses numerous sumptuous treasures, among them the nuns' choir.

hundert erbauten Backsteinkirche mit ihren zahlreichen Kunstschätzen dominiert wird. In der Stadt selber haben die Bürger die mächtige Stadtkirche erbaut, die sich über dem viereckigen Marktplatz erhebt und von 1725 bis 1729 ihre heutige Gestalt erhielt. Preetz wurde zwar erst 1870 das Stadtrecht zugesprochen, doch auch zuvor schon hatte man durchaus urban zu leben gewusst. Das Joint Venture mit den adeligen Damen –

Schönberg ist die Hauptstadt der Probstei, und dieser Status hat dem Ort auch ein besonders prachtvolles Gotteshaus beschert. Rund um die spätbarocke Kirche, die 1780 von Johann Adam Richter nach einem Brand des Vorgängerbaus erbaut wurde, stehen behäbige Bürgerhäuser. Mit dem Schönberger Strand ist die Stadt im Sommer durch eine Museumsbahn verbunden, in der man gemütlich auf Plüschpolstern sitzt.

Schönberg is the capital of the Probstei area, and this status has graced the town with a particularly splendid church. The late Baroque church, built by Johann Adam Richter in 1780 after its predecessor had burned down, is surrounded by comfortable middle-class houses. In summer the town is linked to Schönberg beach by a museum train in which passengers sit comfortably on plush upholstery.

das Preetzer Kloster war nach der Reformation ja Damenstift geworden – klappte nicht schlecht, und der segensreiche Schatten des Krummstabs schützte auch nach dem Abdanken der Bischöfe den ehemaligen Klosterbesitz.

Das merkten auch die Bauern der Probstei, die ebenfalls zum Klostergut gehörten. Sie mussten zwar ihre Abgaben und auch sonst so manche Auflage erfüllen, konnten sich aber erfolgreich gegen die vom 16. Jahrhundert an zunehmende Vereinnahmung durch den Adel und gegen die Leibeigenschaft behaupten. 200 Männer zogen am 14. März 1612 nach Preetz, nachdem Otto von Qualen als Propst härtere Maßnahmen gegen die Klosterbauern angekündigt hatte. Mit Beilen und Sensen begehrten sie Einlass und stritten später vor dem Adeligen Landgericht in Rendsburg erfolgreich für die Einhaltung ihrer Rechte. Schließlich hatten sie gesehen, was passierte, wenn man nicht auf der Hut war. Auf den umliegenden Gütern waren die einst freien Bauern immer häufiger in die vollständige

Abhängigkeit von den Gutsherren geraten, denen der dänische König im Jahr 1524 entsprechende Privilegien gegeben hatte, und eine tiefe Kluft tat sich auf zwischen den Leibeigenen und den freien Bauern der Probstei.

Die See, von der die Probstei im Norden begrenzt ist, spürt man erst, wenn man auf so exotische Badestrände wie Kalifornien und Brasilien zufährt. Am Schönberger Strand bekommt das Ufer dann allerdings in seiner Weitläufigkeit Sylter Dimensionen. Eine Museumsbahn verbindet im Sommer Schönberg mit dem Schönberger Strand.

Schönberg, der Hauptort der Probstei, hat zwei bemerkenswerte kulturelle Attraktionen: Die um 1780 erbaute Kirche ist mit ihrem spätbarocken Äußeren ein beinahe höfisch anmutendes Gotteshaus, und das reich ausgestattete Hei-

matmuseum dokumentiert eindrucksvoll das abgeschiedene Leben in der Probstei. Länger als andere haben die Menschen hier ihre rot-schwarz-weißen Trachten getragen, zu denen bei den Frauen auch ein kurzer Rock und dicke gestrickte Strümpfe gehörten. Heute pflegt man die Tradition mit viel Lust am Auftritt, und Spaß macht es ja auch den Touristen, wenn in Zeiten der knappen Kleiderordnung am Strand ein paar Mädchen mit wehenden Schürzen und Hauben auf dem Kopf durch die Straßen schlendern.

Die Probstei grenzt im Westen an die Kieler Förde, die von den Ostseeförden die südlichste ist. Als markantestes Bauwerk ragt in Laboe das Marine-Ehrenmal auf, das als Gedenkstätte für die auf See gebliebenen Marinesoldaten des Ersten Weltkriegs von 1927 bis 1936 im

spröden Backstein errichtet wurde. Heute wird hier auch der vielen Toten des Zweiten Weltkriegs gedacht. Krieg und Frieden: Wer mit dem Fahrstuhl auf die Plattform des 87 Meter hohen Gebäudes fährt, sieht die Ostsee und die Förde in sommerlicher Friedfertigkeit zu seinen Füßen liegen. Bunt schiebt sich der Strand mit seinen Strandkörben und Sonnenschirmen zwischen Wasser und Land.

Laboe war früher der Hafen der Probstei, doch schon 1857 brachte man erstmals die Ausflügler aus Kiel in offenen Segelbooten an die prachtvollen weißen Strände. Um die Jahrhundertwende wurden dann bequemere Dampfer eingesetzt, die nun das sonntägliche Bild der Förde prägten. Im heißen Sand liegend, sieht man heute Schiffen nach, die weit fernere Ziele haben, wenn sie von Kiel aus nach Skandinavien oder bis nach Russland fahren. Fernweh? Vielleicht wird man irgendwann einmal mitfahren, vielleicht auch nicht.

Ein richtiger Ostsee-Sommer macht sesshaft und verführt zum Bleiben.

Von der Plattform des Ehrenmals in Laboe aus schweift der Blick weit über die blaue Wasserlandschaft der endlos erscheinenden Ostsee. Das Denkmal und ein vor der Küste liegendes U-Boot erinnern an die Gefallenen auf See.

From the platform of the memorial in Laboe the gaze roams far across the blue waters of the seemingly endless Baltic. The memorial and a U-boat lying offshore recall those who die in the war at sea.

Gebieterisch erhebt sich das Plöner Schloss und beinahe Schutz suchend drängt sich die kleine Stadt an die majestätische Anlage heran. Das Foto zeigt die einzigartige Lage Plöns inmitten von Seen. Blühende Phacelia-Felder nehmen den blauen Akkord auf. Das 1633 bis 1638 im Stil der Renaissance erbaute Schloss war bis 1761 Residenz der Herzöge von Schleswig-Holstein-Sonderburg-Plön, danach fiel es an Dänemark und kam 1867 zu Preußen. Bis 1918 beherbergte das Schloss eine Kadettenanstalt, in der auch die Kaisersöhne erzogen wurden. Heute ist in den weitläufigen Räumlichkeiten eine Akademie für Augenoptiker untergebracht. Bei Konzerten öffnet sich der Rittersaal aber auch den Musikliebhabern.

The castle of Plön rises majestically above fields, woods and lakes, while the small town huddles round the majestic complex almost as if seeking protection. Until 1761, the Renaissance-style castle built between 1633 and 1638 was the seat of the Dukes of Schleswig-Holstein-Sonderburg-Plön. After that, it fell to Denmark and in 1867 to Prussia. Until 1918 the castle was a cadet school whose pupils included the sons of the Kaiser. Nowadays the spacious premises house an academy. However, the knights' hall is also open to music-lovers on concert evenings.

Der Große Plöner See wird als ideales Segelrevier gerühmt. Überall an den weit ins Wasser reichenden Stegen haben schnelle Jollen und Kajütboote festgemacht. Das insel- und buchtenreiche Wasserareal bietet immer neue Möglichkeiten für einen abwechslungsreichen Törn. Mit 2900 Hektar ist der Große Plöner See Spitzenreiter unter den Gewässern Schleswig-Holsteins. Neben Plön sind es auch die direkt an seinen Ufern gelegenen Ferienorte Ascheberg, Dersau und Bosau, die immer wieder ihre Liebhaber finden. Wer mit Stil anreisen will, nimmt in Plön das Schiff.

The Grosser Plöner See is famed as an ideal sailing ground. Everywhere on the jetties stretching out into the lake fast sailing dinghies and cabin boats are moored. With its numerous islands and bays, the lake offers ever-new opportunities for a varied cruise. Covering 2,900 hectares, the Grosser Plöner See is the frontrunner among Schleswig-Holstein's inland waters. Along with Plön, the lakeside holiday resorts of Ascheberg, Dersau and Bosau are unfailingly popular. Those who want to arrive in style take the boat in Plön.

Das Eutiner Schloss, vom Park aus gesehen: Die fürstbischöfliche Residenz wurde im ausgehenden 17. Jahrhundert im Stil des Spätbarock errichtet. Bis 1800 residierten hier die Fürstbischöfe, ehe sie als Herzöge und später Großherzöge von Oldenburg ihren Sitz nach Niedersachsen verlegten. Eutin blieb Sommerresidenz, und der Charme des beinahe intim wirkenden Schlosses erhielt sich bis heute. In eine Stiftung umgewandelt, kann es nach gründlicher Renovierung nun wieder besichtigt werden. Auch der Park mit einem alten Baumbestand, seinen weiten Rasenflächen und versteckt liegenden Tempeln steht der Bevölkerung offen. Im Sommer finden in einem abgelegenen Teil des Schlossgartens die „Eutiner Sommerspiele" statt. Man ehrt damit den Komponisten Carl Maria von Weber, der 1786 in Eutin zur Welt kam.

The castle of Eutin seen from the park. Formerly the seat of the Prince Bishops, it was built in late Baroque style in the late seventeenth century. The Prince Bishops resided here until 1800 before, as Dukes and subsequently Grand-Dukes of Oldenburg, they transferred their headquarters to Lower Saxony. Eutin remained their summer residence, and the charm of the almost intimate-looking castle has been preserved to this day. Turned into a trust, after thorough renovation it is now open to visitors once more. The park with its mature trees, wide lawns and hidden temples is open to the public. In the summer, the Eutin summer festival is held in a secluded part of the castle grounds. It is held to honour the composer Carl Maria von Weber, who was born in Eutin in 1786.

Weit geht der Blick vom
Bungsberg aus über das
auf- und abgleitende
Land, Kühe stehen
widerkäuend auf den
Weiden. Der 168 Meter
hohe Bungsberg, die
höchste Erhebung in
Schleswig-Holstein, ist
von zwei Aussichts-
türmen gekrönt, von
denen der modernere, ein
Fernmeldeturm, bestie-
gen werden kann. Das
abwechslungsreiche
Hügel- und Seenland der
Holsteinischen Schweiz
ist ein Erbe der letzten
Eiszeit. Bei diesem fina-
len Vorstoß der skan-
dinavischen Gletscher
ragte der Bungsberg mit
seiner Spitze allerdings
bereits aus den Eismas-
sen heraus.

From the Bungsberg
there is a view far across
the undulating country-
side, with cows ruminat-
ing in the pastures. The
168-metre Bungsberg,
the highest point in
Schleswig-Holstein, is
crowned by two viewing
towers. You can climb
to the top of the more
modern of the two, a
communications tower.
The varied landscape of
Holsteinische Schweiz
(Holstein Switzerland)
with its hills and lakes is
a legacy of the last Ice
Age. However, when the
Scandinavian glaciers
were making their last
advance, the tip of
the Bungsberg was
already peeping out of
the masses of ice.

An manchen Seen in der
Holsteinischen Schweiz
scheint die Zeit stehenge-
blieben zu sein. Ein Boot,
ein Steg, Wiesen und ein
lichter Wald – mehr
braucht man nicht für
die Ferien vom Ich. Der
von der Schwentine
durchflossene Fuhlensee
bei Preetz ist immer noch
ein Geheimtipp.

On some of the lakes in
Holstein Switzerland,
time seems to have stood
still. A boat, a jetty, meadows and a sparse wood is
all you need for a holi-
day away from it all.
Lake Fuhlensee near
Preetz, with the Schwen-
tine flowing through it, is
still a little-known spot.

Einladung zum Menuett:
Schloss Panker bei Lüt-
jenburg gilt als graziöses
Beispiel der Herrenhaus-
kultur Ostholsteins. Die
dreiflügelige Anlage
wurde um 1700 erbaut.
1739 erwarb sie der
schwedische König Fried-
rich I. aus dem Hause
Hessen zusammen mit
einigen umliegenden
Gütern für seine morga-
natisch angetraute Frau
und deren Kinder. Als
Fürst von Hessenstein
trat Friedrich Wilhelm
1772 die Herrschaft an,
da er aber kinderlos
starb, fiel Panker an das
Stammhaus von Hessen-
Kassel. Seit 1928 ist das
Gut im Besitz der Hessi-
schen Hausstiftung, das
Schloss wird von der
Familie des Landgrafen
von Hessen bewohnt.

Invitation to the minuet:
Schloss Panker near
Lütjenburg is seen as a
charming example of
East Holstein's manor-
house culture. The three-
winged complex was
built in around 1700. In
1739 King Frederick I of
Sweden of the House of
Hesse bought it along
with several surrounding
estates for his morga-
natic wife and their chil-
dren. In 1772 Friedrich
Wilhelm, Prince of Hes-
senstein, became lord of
the manor, but since he
died childless Panker fell
to the parent branch of
the family, the house of
Hesse-Kassel. Since 1928
the estate has been
owned by the electorate
of Hesse family trust and
the castle is occupied by
the family of the Earl of
Hesse.

Wo das Auge noch Auslauf hat: Weit geht der Blick vom Hinterland der Hohwachter Bucht aus über die scheinbar endlose Felderlandschaft zur Ostsee. Wer auf dem Hasenberg steht, begreift die Künstler, die diese vollkommene Landschaft gemalt haben. Vor allem die Spätromantiker haben diesen gemeinsam von der Natur und der Landwirtschaft geschaffenen großen Park immer wieder ins Bild gesetzt. Wie eine Verlockung breitet sich das Meer im Hintergrund aus.

Where the eye still has freedom to roam: from the hinterland of Hohwacht Bay you can see far across the seemingly endless fields as far as the Baltic. Anyone who climbs the Hasenberg will understand the artists who have painted this perfect landscape. The Late Romantic artists, in particular, repeatedly painted this great park created jointly by nature and agriculture. In the background the sea spreads out enticingly.

# Von Flensburg über Angeln und Schwansen nach Kiel

Der Norden leuchtet – jedenfalls im Mai. Wie hier bei Sieseby an der Schlei sind die Felder wie mit flüssigem Gold übergossen. Für die Bauern klingelt die Kasse erst im Juli, wenn die ölhaltigen Rapsfrüchte gedroschen werden.

The North shines resplendently – at least, in May. Fields like those at Sieseby on the Schlei seem to be covered in liquid gold. But the farmers' cash registers do not start to ring until July, when the rapeseed is crushed to extract the oil.

Braune Segel und glänzende Planken, singende Wanten und zerrender Wind: Wenn am Wochenende nach Himmelfahrt die Flensburger Rumregatta mit weit über hundert Oldtimer-Schiffen an den Start geht, dann findet die rote Stadt an der Förde zu ihrer Traumkulisse. Die größte nordeuropäische Veranstaltung dieser Art beschert dem Stadtbild jenen pittoresken Mastenwald, der diesem als „Sorrent des Nordens" gepriesenen Ort so überaus gut zu Gesicht steht. Zudem stellt sie einen Stoff in den Mittelpunkt, der den Ruhm der Stadt um die Welt getragen hat. Der Flensburger Rum ist Legende, und immer noch wird er an der Förde nach sorgsam gehüteten Rezepten hergestellt.

### Seglerstadt Flensburg

Die Lage am Kreuzpunkt des alten, von Jütland zum europäischen Kernland führenden Heer- und Ochsenweges und der Handelsstraße von Angeln nach Friesland hat einer im 12. Jahrhundert gegründeten dänischen Handelssiedlung schnelles Wachstum beschert. 1284 erhielt Flensburg das Stadtrecht, und zügig schritten der Bau der Marienkirche und die Anlage des Nordermarktes voran. Mit der Nikolaikirche und dem Südermarkt kam hundert Jahre später ein zweites Zentrum hinzu, mit dem es sich nun aufs Beste konkurrieren ließ. Der Niedergang der Hanse und die Schwächung Lübecks brachten dann eine unerwartete Blüte. Mit 5000 Einwohnern und 200 Schiffen war Flensburg im 16. Jahrhundert zeitweilig die größte Handelsstadt im dänischen Reich. Man lebte üppig und gut und musste erst im Verlauf des Dreißigjährigen Krieges (1618–1648) und im Schwedisch-Polnischen Krieg (1657–1660) schwere Rückschläge hinnehmen.

Auch diesmal kam die Rettung auf schwankenden Planken, denn mit einem Privileg des dänischen Königs Christian VII. ausgestattet, steuerten die Flensburger Schiffe in der Mitte des 18. Jahrhunderts die Westindischen Inseln an. Dass sie auf dem Rückweg Baumwolle, Kaffee, Tabak, aber auch Zuckerrohr mitbrachten, begünstigte einen Aufschwung, der Flensburg bald schon zur Rum-Hauptstadt werden ließ.

In der Karibik hatten die Seeleute aus dem kalten Norden gelernt, welch berauschendes Getränk sich aus Zuckerrohr herstellen ließ, und der Name „Kill Devil" sagt alles darüber aus, wie nahezu ungenießbar das Gebräu mit seinen 70 bis 80 Prozent Alkohol für die europäischen Kehlen gewesen sein muss. 30 Rumhäuser und das gute Flensburger Wasser sorgten aber bald schon dafür, dass aus dem Teufelszeug der weiche Jamaika-Rumverschnitt wurde. „Rum, Rum, dann sind gleich alle Schmerzen stumm", notierte Theodor Fontane im trüben Berlin.

1795 zählte Flensburgs Handelsflotte wieder 300 Schiffe, und die prachtvollen Kaufmannshöfe an den zum Wasser hinunterlaufenden Straßen wurden in dieser Zeit erbaut. Einen neuerlichen wirtschaftlichen Rückschlag erlebten die Flensburger durch die napoleonischen Kriege, und als sich die Schleswig-Holstein-Frage scheinbar nur noch mit Waffengewalt lösen ließ, lagen die wichtigsten Kriegsschauplätze wiederum vor den Toren der Stadt. An den „Düppeler Schanzen" nahe der Grenze entschied sich dann auch das Schicksal Flensburgs, als Dänemark 1864 von der preußisch-österreichischen Armee geschlagen wurde. Zusammen mit dem nunmehr vereinten Schleswig-Holstein kam die Stadt zu Preußen, aber erst 1920 wurde die deutsch-dänische Grenze nach einer Volksabstimmung auf der Höhe Flensburg-Tondern gezogen. Heute lebt man

mit den Dänen in einem so guten Einvernehmen, dass dieses Modell Vorbildcharakter in ganz Europa hat.

Majestätisch baut sich das im Krieg weitgehend unzerstört gebliebene Flensburg am Hang auf, und wie ein Königsschloss thront der Museumsberg mit seinen imponierenden Bauten über den Häusern. Wie in allen mittelalterlichen Städten sind auch in Flensburg die Straßen so angelegt, dass möglichst viele Menschen innerhalb der Stadtmauern Platz fanden. Mehrere Tore sicherten den Zugang, und das 1595 erbaute Nordertor mit der Inschrift „Friede ernährt, Unfriede verzehrt" zeigt noch heute, wie prachtvoll man die Eingänge gestaltet hat. Reich ausgestattet waren auch die Kirchen. Das Schnitzwerk des mächtigen Altars von Hinrich Ringerinck in St. Marien ist ebenso wie die Orgel in St. Nikolai eine kunsthistorische Rarität.

Vielleicht ist es ein Dampfertuten, das die Schritte zum Hafen lenkt. Denn immer noch starten von hier aus Schiffe zur Rundfahrt über die Förde. Mit ihren Buchten und Inseln, den Wäldern und den bis ans Wasser heranreichenden Feldern haben die Segler der Flensburger

Die Flensburger Förde ist eines der schönsten Segelreviere Europas. Auch im Flensburger Hafen lässt es sich gut ankern. Dicht drängen sich die Häuser an das Wasser heran.

The Flensburg fiord is one of Europe's most attractive sailing-areas. With its houses huddling closely round the harbour, Flensburg, too, is a good place to drop anchor.

Mit seinen Salons und Tapisserien verfügt das Schloss über einzigartige Kunstschätze. Besonders berühmt sind die aus Flandern stammenden Wandteppiche, die „Fins teniers", auf denen Szenen aus dem Landleben gezeigt werden. Eine Rarität sind auch die „Lübecker Tüchlein", gemalte Tapisserien, von denen es auf der Welt nur noch einen einzigen weiteren vollständigen Satz gibt.

Dass die Flensburger Innenförde auch eine wilde Seite hat, zeigt das Steilufer „Holnis Spitze". Wie am Roten Kliff in Kampen leuchten die Lehmwände der schmalen Halbinsel in der Abendsonne auf, der Wind jagt herrisch über die Ufer, und auch der Himmel hat hier eine „Nordsee-Dimension". Holnis war immer von Fährleuten bewohnt, die von hier aus Fuhrwerke, Viehherden und Treiber auf einfachen Fähren zum anderen Ufer übersetzten. Ein Fährkrug blieb als Erinnerung an die oftmals gefährlichen Überfahrten zurück.

Wenn man, von Holnis kommend, nun der Außenförde folgt, dann reist hoffentlich die Badehose mit. Denn die Strände, oft von duftenden Heckenrosen begrenzt, laden immer wieder zum Schwimmen und Sonnen ein. Statt heroischer Buchenwälder begleiten jetzt mattgrüne Wiesen den Weg. Gelb lodert im Mai der Raps. In Neukirchen, wo Herzog Johann der Jüngere einst einen Hafen plante, hat man eine weiß geschlämmte Kirche im Jahr 1622 hoch auf dem Steilufer erbaut – ein Leuchtturm Gottes, an dem sich die Seeleute orientieren konnten. Ein besonderes Naturerlebnis bietet die nahe Geltinger Birk, die mit ihren schiefen Bäumen, den „Windflüchtern", und ihren Wildrosensorten, unter denen eine den Namen „Die scheue Rose" trägt, schon 1934 unter Schutz gestellt wurde. Durchziehenden Vogelschwärmen dient dieses unberührte Areal als ein „Flughafen der Natur".

Förde schon früh das Markenzeichen „romantisch" verpasst. Aber auch für die Damen mit den geblümten Kleidern war die Förde stets ein lustvolles Revier, und schon um die Jahrhundertwende hat man den malerischen Meeresarm mit eleganten Ausflugsschiffen befahren. Als Erbe dieser geselligen Zeit blieb die 1908 erbaute „Alexandra" zurück, die ein Freundeskreis vor dem Verschrotten bewahrt und aufwendig restauriert hat. Wie vor hundert Jahren fährt sie noch mit Kohle und Heizer, und die Dampfwolke der rüstigen Lady gehört zum sommerlichen Förde-Bild.

### Glücksburg und sein Schloss

Natürlich besucht man auch Glücksburg, die schöne und vornehme Schwester Flensburgs, und verwundert stellt man fest, dass die Stadt nicht nur über ein legendäres weißes Schloss verfügt. Als traditionsreiches Seebad ist Glücksburg ebenso berühmt wie als Sitz der ältesten Segelschule Deutschlands. Seit einem knappen Jahrzehnt kommen aber

auch Rosenfreunde in die Stadt und besichtigen das Rosarium, das der passionierte Züchter Ingwer J. Jensen als Hommage an die englischen und so barock wirkenden alten Rosen auf dem Gelände der ehemals zum Glücksburger Schloss gehörenden Gärtnerei eingerichtet hat. An hohen Bögen klettern die eleganten Diven empor, bilden schattige Gänge und öffnen die Blüten vom fast schwarzen Rot hin bis zum hellsten Rosa. Ein vergessener Zauber liegt über der Anlage, die sich graziös oberhalb des Schlosses erstreckt.

„Schlösser, die im Monde liegen" – das Glücksburger Schloss ist der Inbegriff von Romantik, von stiller Schönheit und herrischer Größe. Aus drei nebeneinander gesetzten Langhäusern zusammengefügt, bezieht der mächtige Renaissancebau seine Leichtigkeit aus vier später angebauten achteckigen Türmen. Ein kleiner See, der durch das Aufstauen der Munkbrarup-Au gebildet wurde, wirkt wie ein riesiger Spiegel für Himmel und Schloss.

Ein despotischer Landesherr war Johann der Jüngere von Schleswig-Holstein-Sonderburg, aber der Leitspruch, den er seinem zwischen 1582 und 1587 erbauten Haus mitgab – „Gott gebe Glück mit Frieden" –, hat sich seit über 400 Jahren bewährt. 1922 in eine Stiftung umgewandelt, dient das Gebäude heute als Museum und wird nur noch bei großen Familienfeierlichkeiten von der Familie des Prinzen zu Schleswig-Holstein-Sonderburg-Glücksburg genutzt.

### Kühe, Knicks und Kirchen

„Angeln ist wie ein sprödes Mädchen, das seine Reize nur dem offenbart, der es wirklich liebt", hat der Schriftsteller Ernst von Salomon einmal über die Gegend gesagt, die sich zwischen die

Trotz des stolzen Alters von mehr als 400 Jahren ist das Nordertor in Flensburg kein verstaubter Eremit. Rund um das kunstvoll gemauerte Portal findet vor allem in den Sommermonaten ein reges Leben statt.

Despite being more than 400 years old the Nordertor in Flensburg is no dust-covered relic. Around the artistically plastered portal there is hustle and bustle, especially in the summer months.

Kulisse für einen Hei-
matfilm: Bei Langballig-
au steht diese Kate, die
aus der Zeit übrig geblieben ist, in der Fischer
und Bauern von dem leb-
ten, was Meer und Land
ihnen gaben. Heute rei-
ßen sich die Städter um
solche Refugien.

Setting for a regional
film: this cottage near
Langballigau is a relic
of the era when fisher-
men and farmers lived
on what the sea and land
provided. Nowadays,
city-dwellers scramble
for sanctuaries like
this.

Flensburger Förde und die Schlei schiebt.
Wie das ostholsteinische Hügelland ist
auch Angeln ein sichtbarer Beweis dafür,
dass die letzte Eiszeit in dieser Region
überaus effektvoll als Landschaftsgestalter tätig war. Sich hundertfach windend,
führen die Wege um Kuppen und Erhe-
bungen herum und bringen den Reisenden in Dörfer, die fast alle mit überaus
kostbaren Kirchen besetzt sind.

Angeln ist die Gegend in Deutschland,
in der es auf engem Raum mehr romanische Gotteshäuser gibt als irgendwo

sonst. Die Granitquaderkirchen in
Husby, Munkbrarup oder Norderbrarup
scheinen mit ihrer archaischen Bauweise
ebenso für die Ewigkeit gemacht zu sein
wie die Kirche in Sörup, die mit einer
gotländischen Taufe die weitreichenden
Verbindungen Angelns in den Ostseeraum belegt.

Als Bauernland hat sich Angeln mit
dem hier gezüchteten Sattelschwein und
dem Angler Rind einen hervorragenden
Ruf erworben: Immer wieder macht man
eine Herde der rotbraunen Kühe aus, die
wegen ihrer Widerstandskraft und ihrer
hervorragenden Milchleistung früher
bevorzugt nach Russland, insbesondere
nach Sibirien, exportiert wurden. Heute
behaupten sie mit einer hohen Milchleistung weltweit einen Spitzenplatz und
gelten als Markenzeichen der Landschaft.

Wer die Halbinsel von ihrer geselligen
Seite kennenlernen will, setzt sich in
einem der vielen gemütlichen Gasthäuser
an den Tisch. Mit Angler Schnüsch
(einem Gemüseeintopf) und Förtchen
(einem in der Eisenpfanne gebackenen

Hefegebäck) kann man es sich schon
ganz gut gehen lassen. Bei einer Angliter
Kaffeetafel werden dann allerdings solche Berge von Torten aufgetischt, dazu
noch ein paar Plattenkuchen und Gläser
mit Cognac und Likör, dass man nach
fünf Stunden weiß, was eine richtige
Kuchenschlacht auf dem Lande ist.

Wer es städtisch liebt, muss sich allerdings ein wenig bescheiden, denn mit
350 Einwohnern wäre Arnis überall im
Land sonst ein Dorf und nicht gerade
„Deutschlands kleinste Stadt". An der
Langen Straße liegen die Häuser dieser
„Metropole", und seit jeher geht es in
der Siedlung, in der sich 62 Fischerfami-
lien auf der Flucht vor der Leibeigenschaft im Jahr 1666 niederließen, äußerst
geruhsam zu. Weitaus lebhafter dagegen
präsentiert sich Kappeln, das allein schon
wegen seiner barocken Kirche und der
malerischen Holländermühle sehenswert
ist. Der lebhafte Hafen mit dem letzten
Heringszaun Europas verleiht der Schlei-

stadt vor allem in der Zeit, wenn die Heringsschwärme zum Laichen unterwegs sind, ein ganz besonderes Flair. Über eine Klappbrücke ist Angeln bei Kappeln mit dem benachbarten Schwansen verbunden.

Schwansen, wie Angeln eine Halbinsel, wird von der Ostsee, der Eckernförder Bucht und vor allem von der 41 Kilometer langen Schlei – nicht etwa ein Fluss, sondern eine Ostseeförde – begrenzt. Ganz sanft ist hier der Übergang vom

Land zum Wasser, kleine Badestellen laden zum Schwimmen ein, und mit Sehnsucht sieht man den Segelbooten nach, die gemächlich zum Meer drängen. Keine Stadt unterbricht den Rhythmus der Dorflandschaft, und lediglich das Ostseebad Damp bringt mit Bettenburgen, breiten Stränden und seiner Geselligkeit etwas Leben in das stille Land.

Die Kostbarkeiten Schwansens sind die vielen Herrenhäuser, die einstmals Zentren eigener Gemeinwesen waren.

In Arnis fühlen sich die Segler wohl – und alle, die es nicht so riesig mögen. Denn die kleinste Stadt Deutschlands hat nur rund 350 Einwohner, die in einer einzigen, von Linden gesäumten Straße wohnen. Arnis lebt auch heute noch vom Schiffbau und von der Fischerei. Eine malerische Schleifähre verbindet hier Angeln und Schwansen.

Yachtsmen feel at home in Arnis – as do all those who don't like things too large-scale. For Germany's smallest town has just 350 inhabitants, all of whom live in a single street lined with linden trees. Arnis still earns its livelihood from boatbuilding and fishing. A picturesque ferry across the Schlei connects Angeln and Schwansen.

Vom Handwerker bis hin zur eigenen Feuerwehr war alles auf den großen Gütern – ob Carlsburg oder Krieseby, Damp, Ludwigsburg, Hemmelmark oder Altenhof – vertreten, und wenn sich das heute auch gewandelt hat, so werden die meisten dieser Landsitze doch noch privat genutzt. In Louisenlund zeigt ein Internat aber auch, was sich aus herrschaftlichen Häusern auch sonst noch machen lässt.

Wie begehrt die Gegend schon in der Steinzeit war, zeigt ein kleiner Abstecher zum Karlsminder Langbett, einer mächtigen, von über 100 Findlingen gesäumten Grabanlage, deren Maße von 60 x 5,5 x 2,5 Metern außerordentlich beeindruckend sind. Wie so häufig bei altsteinzeitlichen Gräbern ist auch hier der „Ewigkeitsblick" garantiert, dunstig verschwimmen Himmel und See hinter weiten Feldern am Horizont.

### Wikinger-Idylle Haithabu

Liebhaber chronologisch ablaufender Besichtigungstouren steuern von Karlsminde aus das Wikinger Museum Haithabu an, das gegenüber von Schleswig in einer weiten Wiesenlandschaft eingebettet liegt. Haithabu war vom 9. bis 11. Jahrhundert eines der wichtigsten Handelszentren Nordeuropas, eine pulsierende Wikingerstadt mit einem von Schiffen aus vielen Ländern angelaufenen Hafen. Bereits am Ende des 19. Jahrhunderts begannen archäologische Forschungen. 1986 wurde das erste Wikinger Museum eingeweiht. Doch da das Sinnliche etwas zu kurz gekommen war, hat man zwischen 2005 und 2009 das Museum umgestaltet und es – so der Museumsleiter – „sozusagen in das 21. Jahrhundert hinein katapultiert". Während in den Ausstellungsräumen kostbarer Schmuck, reichhaltiges Werkzeug und erlesene Alltagsgegenstände beinah puristisch präsentiert werden, zei-

gen Videoschauen und andere interaktive Präsentationen rund um das rekonstruierte Wikingerschiff das Leben in der untergegangenen Metropole.

Noch stärker wird der Eindruck einer Zeitreise, wenn man nach einem 20minütigen Fußweg dort ankommt, wo sich einst das Leben abspielte. Nach archäologischen Funden wurden die Häuser detailgetreu aus Holz, Flechtwerk und Reet nachgebaut und sind nun, wie das Haus des Tuchhändlers, des Kammmachers oder des Fischers, mit Innenräumen und Mobiliar ebenso ein Beispiel für das Leben der Nordmänner wie die Herberge oder das Versammlungshaus. Eine Landungsbrücke führt zum einstigen Hafen.

Bis auf den die Siedlung umgebenden Ringwall blieben keine sichtbaren Reste zurück. Nachdem Haithabu im Jahr 1050 von den Norwegern niedergebrannt worden war, wurde die einst so mächtige Stadt 16 Jahre später von den Slawen endgültig zerstört.

Ludwigsburg (hier das Torhaus) ist eines der am besten erhaltenen Herrenhäuser des Barock. Neben der kunstvoll gestalteten Fassade besticht im Inneren die „Bunte Kammer". In fünf Reihen sind 145 allegorische Bilder angeordnet, Zeugnis einer sinnenfrohen Vergangenheit.

Ludwigsburg, of which this is the gatehouse, is one of the best-preserved Baroque manor houses. Along with its artistically designed facade, a striking feature of the interior is the "Bunte Kammer," with 145 allegorical pictures lined up in five rows, testimony to a past in which the pleasures of life were enjoyed.

Das heutige Schleswig trat das Erbe der Weltstadt des Mittelalters an.

Das um 1200 gegründete Schleswig muss man erwandern, weil es von unterschiedlichen Epochen und Lebensstilen geprägt ist. Historisch richtig beginnt man den Rundgang am Dom, der als gotischer Hallenbau inmitten der Altstadt aufragt. Vom 12. bis zum 15. Jahrhundert hat man an St. Petri gebaut und die Kirche auch um einen dreiflügeligen Kreuzgang, den „Schwahl", erweitert. Das bedeutendste Kunstwerk wurde aus der Bordesholmer Augustiner-Chorherren-Kirche im Jahr 1666 herangeschafft. Der in jahrelanger Arbeit entstandene, 1521 vollendete Schnitzaltar von Hans Brüggemann, heute als „Bordesholmer Altar" bekannt, zeigt bei einer Höhe von 12,60 Metern und einer Breite von über sieben Metern eindrucksvolle Szenen aus der Passionsgeschichte Christi.

Wen es nach dem Blick auf die majestätische Front des Domes nach Beschaulicherem gelüstet, der steuert die Fischersiedlung auf dem Holm an. Im Rund

Auf dem Holm in Schleswig steht der Friedhof mit einer Kapelle im Zentrum einer kleinen Siedlung, und immer noch bestattet man hier die Toten. Im Übrigen geht es auf dem Holm sehr diesseitig zu: Im behäbigen Rund stehen die Häuser, man genießt es, in einer Idylle zu wohnen.

This cemetery with the small chapel stands in the middle of a small estate on the Holm in Schleswig, and the dead are still buried here. Otherwise, life on the Holm is very much of this world. The houses stand in a cosy circle, people enjoy living in an idyllic spot.

stehen hier die niedrigen Häuser um einen Platz herum, dessen natürlicher Mittelpunkt der von Linden umstandene Friedhof mit seiner Kapelle ist. Die Wohlhabenheit, die sich in dem Ensemble ausdrückt, resultiert aus der Tatsache, dass den Holmer Fischern die Fangrechte auf der Schlei von Schleswig bis Arnis als verbrieftes Recht schon im 13. Jahrhundert zugesprochen wurden. Die Anlage mit den sich aneinanderdrängenden Backstein-Traufenhäusern wurde im 18. und 19. Jahrhundert erbaut, doch die Siedlung ist einige Jahrhunderte älter. Seit 1935 ist der Holm nach dem Aufschütten des Stadtgrabens allerdings keine Insel mehr. Geblieben ist trotz der Anbindung an das Festland eine eigene kleine Welt, in der man sich kaum vorstellen kann, dass nur ein Stück weiter einer der glänzendsten Fürstenhöfe des Nordens lag.

Von 1544 bis 1713 haben die Herzöge von Schleswig-Holstein-Gottorf in dem vierflügeligen Renaissancebau regiert und eine einzigartige Kulturszenerie im Norden erblühen lassen. Vor allem Friedrich III. (1616–1659) hat mit Bibliothek, Gemäldesammlung und Kunstkammer zum Ruhm Schleswigs beigetragen. Ein Globus, den er in einem dreigeschossigen Gebäude aufstellen ließ, hatte solche Dimensionen, dass in ihm zehn Personen gleichzeitig das sich drehende Planetensystem erleben konnten. Wie alle absolutistischen Fürsten huldigte Friedrich III. aber auch der Gartenkunst und ließ mit

den Neuwerker Gärten eine im Norden einzigartige Anlage erstehen.

Das Ende kam mit dem Nordischen Krieg, als der siegreiche Dänenkönig den auf schwedischer Seite kämpfenden Herzögen ihr kleines, als liberal geltendes Land abnahm. Das Schloss verkam und wurde erst in unseren Tagen als Museumsanlage zu neuem Glanz geführt. Mit den Landesmuseen und dem aus dem 4. Jahrhundert stammenden Nydamschiff ist das Schloss mit seinen prachtvoll res-

Bescheiden sollte es nicht sein, Schloss Gottorf in Schleswig, und so entstand im 16. und 17. Jahrhundert eine mächtige Anlage. Im Inneren können heute die Gotische Halle, der Hirschsaal und die Schlosskapelle mit herzöglicher Betstube besichtigt werden. Das Schloss zeigt aber auch Sammlungen der Landesmuseen von Schleswig-Holstein.

Schloss Gottorf in Schleswig was not meant to be modest, and so in the sixteenth and seventeenth centuries a mighty complex came into being. Inside the castle the Gothic Hall, the Stag Hall and the castle chapel are open to visitors. The collections of the Schleswig-Holstein state museums are also on show here.

taurierten Räumen und dem wiederhergestellten Barockgarten wieder das, was den Gottorfer Herzögen im 17. Jahrhundert als Vision vorgeschwebt hatte. Als erster Barockgarten im italienischen Zuschnitt nördlich der Alpen konzipiert, baute er sich terrassenförmig hinter dem Schloss auf und galt mit seinen Parterren, Kaskaden und einer den absolutistischen Anspruch symbolisierenden Herkulesfigur als ein Wunder der Welt. Herausragend war in jener Zeit ein Globushaus,

das Friedrich III. zusammen mit dem Hofgelehrten Adam Olearius geplant und im Jahr 1651 hatte bauen lassen. Das frühe Planetarium hatte einen Durchmesser von über drei Metern und war das größte bis dahin erbaute Modell des Himmels und der Erde. Im Innern fanden zwölf Besucher Platz. Durch Wasserkraft angetrieben wurde der Sternenglobus sogar in langsame Rotation versetzt. Zar Peter der Große war von dem Globushaus so fasziniert, dass er sich das

Meisterwerk zeitgenössischer Hand-
werkskunst nach der Niederlage der
Gottorfer Herzöge im Jahre 1713 als
„Geschenk" erbat. Heute ist in akribi-
scher Arbeit ein Nachbau erstanden, der
zusammen mit dem Barock-Garten zum
Besucher-Magneten geworden ist.

### Marinehauptstadt Kiel

Auf dem Weg nach Kiel bietet sich in
Eckernförde ein Stopp an – denn die
Stadt gilt immer noch als Geheimtipp.
Wer etwa weiß denn schon, dass die Kieler Sprotten ursprünglich aus Eckernförde stammen. Man hat sie nicht nach
dem Fangort, sondern einfach nach dem

Bahnhof benannt, auf dem sie für den
Export verladen wurden. Vielleicht aber
hatten die schlauen Händler dabei auch
im Visier, dass Kiel als Kaiserstadt einen
weit klangvolleren Namen hatte als die
kleine Stadt an der Eckernförder Bucht.
Von dort holte sich Majestät übrigens
seine Sailors, wenn er mit seiner Jacht
einen Preis gewinnen wollte.

Eckernförde ist mit seiner breiten
malerischen Bucht ein Seglerparadies
geblieben. Der nahe Dänische Wohld,
der sich mit Orten wie Gettorf, Schwe-
deneck und Strande zwischen Eckernförde und Kiel erstreckt, ist heute ebenfalls ein Paradies für Feriengäste.

Kiel, Landeshauptstadt und Segler-
hochburg schlechthin, hat ein eigentüm-
liches Schicksal gehabt. Die Begeisterung
der beiden deutschen Kaiser Wilhelm I.
und Wilhelm II. für die Stadt hat ihr zwar
einen ungeahnten Boom, aber auch die
beinahe totale Zerstörung beschert. Mehr
als 80 Prozent aller Bauten lagen am
Ende des Zweiten Weltkriegs in Schutt
und Asche, nachdem alliierte Flugzeuge
die Kriegswerften und den Marinestütz-

punkt immer wieder bombardiert hatten.
Mit solidem Maß wurde die Stadt wieder
aufgebaut und bietet sich heute mit ihrem
stetig größer werdenden Hafen als ausge-
sprochen angenehmer Wohnort dar.

Historisch gesehen ist Kiel ein „Spät-
entwickler", denn als die Siedlung „tom
kyle" 1233 gegründet wurde, waren Han-
delsplätze wie Lübeck und Schleswig
längst zu Wohlstand und Ansehen
gelangt. Mit der Gründung wollte der
Schauenburger Graf Adolf IV. ein Gegen-
gewicht schaffen zu dem immer stärker
werdenden Lübeck, das sich als reichs-
freie Stadt dem Zugriff des obersten
Lehnsherrn entzog. Der Platz auf einer
17 Hektar großen Halbinsel zwischen der
eigentlichen Förde und dem Kleinen Kiel,
einer Fördebucht, war gut gewählt, der
Ort gedieh, und bereits 1242 wurde dem
aufstrebenden Hafen das Stadtrecht verliehen. 42 Jahre später trat Kiel der Hanse
bei und fiel bei der Teilung der Herzogtü-
mer den Gottorfern zu – was den Kielern
zum Segen geriet, denn Herzog Christian
Albrecht gründete hier im Jahr 1665 die
erste Universität Schleswig-Holsteins.

„Frisch geräucherte
Sprotten sind eine Deli-
katesse", schrieb Graf
Baudissin schon im Jahr
1864. Um die Jahrhun-
dertwende waren die
erstmals in Eckernförde
geräucherten goldgelben
Fische so beliebt, dass sie
bis nach Amerika ver-
schifft wurden.

"Freshly smoked sprats
are a delicacy," wrote
Count Baudissin in
1864. Around the turn
of the century the
golden-yellow fish first
smoked in Eckernförde
were so popular that
they were exported as
far afield as America.

Ein paarmal hat Kiel danach Weltge-
schichte geschrieben, etwa mit dem am
14. Januar 1814 unterzeichneten Kieler
Frieden, der das Ende der Franzosenzeit
besiegelte. Unter Bismarck wurde die
Fördestadt 1865 zum Kriegshafen erklärt
und erlebte durch den Schiffbau einen
rasanten Aufstieg. Innerhalb von 25 Jahren war die Bevölkerung um das Zehn-
fache angewachsen, und Wilhelm II. sah
in der Stadt, die seit 1895 über den Kaiser-Wilhelm-Kanal, den heutigen Nord-
Ostsee-Kanal, auch mit der Nordsee ver-

bunden ist, das Zentrum seiner „schwim-
menden Wehr". Landauf, landab steckte
man die Kinder in den Matrosenanzug,
der nur „Kieler Anzug" hieß, und pfiff
begeistert den Marsch „Gruß an Kiel".

Ausgerechnet hier an der Förde aber
wurde dem Kaiserreich das Sterbelied gesungen, denn die lange Untätigkeit der
Flotte und die schlechten Lebensbedingungen der Mannschaften führten 1918
zur Meuterei der Matrosen, die das Ende
der Hohenzollern-Monarchie und die
Revolution nach sich zog. Im Zweiten
Weltkrieg war Kiel dann erneut der
wichtigste Kriegshafen Deutschlands
und damit ein von den alliierten Bom-
bern immer wieder angesteuertes Ziel.

Nach dem Zweiten Weltkrieg schuf
Kiel sich konsequent ein anderes Image
und setzte darauf, als Universitätsstadt
und Sitz der Landesregierung das geistige Zentrum Schleswig-Holsteins zu
werden. Auch als Hafen nahm es eine
neue Rolle an. Heute fahren riesige Fähren von dem mitten in der Stadt gelegenen Skandinavienkai aus nach Norwegen und Schweden, vom Ostuferhafen

aus nach Russland und Litauen. Die Einkaufsmeile im Stadtzentrum ist überaus
belebt, und Theater, Ballett und Oper
bieten trotz permanent leerer Stadtkas-
sen ein hochklassiges Programm.

Museen wie das Schiffahrtsmuseum,
das Heimatmuseum im Warleberger
Hof, dem letzten Adelspalais der Stadt,
aber auch die moderne Gemäldesammlung lassen vergessen, wie weit man von
anderen Metropolen entfernt ist. Das
Freilichtmuseum Molfsee vor den Toren
Kiels beherbergt die größte Sammlung
historischer Bauernhäuser des Landes
und entführt mit Gänseherden und weidenden Schafen, mit prachtvollen Mühlen und kunstvoll gebauten Scheunen in
eine andere Zeit.

Der Sommer ist die große Zeit der
Fördestadt. Denn dann fährt man nach
Strande und Schilksee, wo die Jacht-
häfen liegen, und lässt sich während der
„Kieler Woche" von der Pracht der weißen Segel berauschen, mit der sich das
größte „Seglerfest der Welt" jedes Jahr
von Neuem präsentiert.

Kiels Bedeutung als „Tor
zum Norden" wird nir-
gendwo deutlicher als
am Skandinavienkai, wo
– mitten in der Stadt –
die riesigen „Pötte" aus
den nördlichen Nachbar-
ländern anlegen und die
Ostseefähren nach
Skandinavien starten.
Besucher aus diesen Län-
dern nutzen den Kiel-
Aufenthalt zum Shop-
ping in der nördlichsten
deutschen Landesmetro-
pole.

Kiel's significance as a
"Gateway to the North"
is nowhere more evident
than on the Scandinavia
Quay, where – in the
centre of town – gigantic
ships from neighbouring
countries to the north
berth and from which
the Baltic ferries to Denmark, Norway and Swe-
den set sail. Scandina-
vian visitors take advan-
tage of a stay in Kiel to
do some shopping in
Germany's northernmost
state capital.

Hier könnten Märchen spielen: Strahlend weiß erhebt sich das Wasserschloss Glücksburg mitten in einem aufgestauten See und lässt Anmut und Strenge gleich doppelt erscheinen. Zwischen 1582 und 1587 wurde Norddeutschlands berühmtestes Schloss von Herzog Johann dem Jüngeren von Schleswig-Holstein-Sonderburg im Stil der Renaissance aus den Steinen eines abgerissenen Klosters erbaut. 1779 fiel es an die dänische Krone und war von 1854 bis 1863 königliche Sommerresidenz. Heute ist das in eine Stiftung umgewandelte herrschaftliche Haus im Besitz des Prinzen Christoph zu Schleswig-Holstein-Sonderburg-Glücksburg. Das Jahr über steht das Wahrzeichen Schleswig-Holsteins mit seinen Salons und Kunstschätzen dem Besucher als Museum offen.

This could be the scene of fairy tales: the moated castle of Glücksburg stands gleaming white in the midst of a dammed lake, exuding both grace and severity. North Germany's most famous castle was built in Renaissance style between 1582 and 1587 by Duke Johann the Younger of Schleswig-Holstein-Sonderburg, using the stones of a demolished monastery. In 1779 it fell to the Danish crown and from 1854 to 1863 was a royal summer residence. Nowadays the stately home, turned into a trust, belongs to Prince Christoph of Schleswig-Holstein-Sonderburg-Glücksburg. Schleswig-Holstein's emblem with its drawing-rooms and art treasures is open to visitors as a museum all year round.

Der Frühsommer hat das Land fest im Griff, wenn Blau und Gelb um die Vorherrschaft ringen. Die Rapsfelder schieben sich dann wie hier bei Dänisch-Nienhof mit einer solchen Farbintensität an die Uferkante heran, dass man beinahe geblendet dem Weg folgt. Weit geht der Blick von der Steilküste aus über das Meer.

Early summer has the state firmly in its grip when blue and yellow vie for supremacy. Then rape fields like those here near Dänisch-Nienhof push with such intensity of colour right to the edge of the banks that the glare almost blinds you as you follow the path. From the top of the cliffs there is a view far out to sea.

Damp gilt als eine der
Perlen der Herrenhausar-
chitektur in Schwansen.
Über eine weiße Brücke
gelangt man vom Park
aus auf die rückwärtige
Seite des Hauses – ein
Blick, der gemeinhin dem
Besucher verschlossen
bleibt. Das Haus wurde
am Ende des 16. Jahr-
hunderts im Renaissance-
stil errichtet und später
durch barocke Anbauten
ergänzt. Im Inneren
besitzt es mit einer neun
Meter hohen Treppen-
halle, in die eine Orgel
eingefügt ist, ein Meisterwerk der barocken Pro-
fanarchitektur. Von zwei
Wassergräben umgeben,
bilden Herrenhaus, Wirt-
schaftsgebäude und Tor-
haus immer noch eine
geschlossene Einheit.

Damp is regarded as one
of the jewels of manor-
house architecture in
Schwansen. Crossing a
white bridge from the
park you reach the back
of the house – a view
generally hidden from
visitors. The house was
built in the late sixteenth
century in Renaissance
style and had Baroque
extensions added later.
Inside it boasts a masterpiece of Baroque secular
architecture, a nine-
metre-high stairwell
with a built-in organ.
Surrounded by two
moats, manor house,
farm buildings and gate-
house still form a self-
contained unit.

Wer nähme dem so fili-
gran wirkenden Turm
des Domes St. Petri in
Schleswig seine Höhe
von 112 Metern ab? Wie
auf einem romantischen
Gemälde sind in der
Morgenstimmung Was-
ser- und Stadtlandschaft
zur Einheit verschmol-
zen. Das nach dem Nie-
dergang der Wikinger-
Siedlung Haithabu
(1066) gegründete
Schleswig ist über die
Schlei mit der Ostsee verbunden. Der ab dem
12. Jahrhundert erbaute
Dom zeigt, wie mächtig
die Handelsstadt im frü-
hen Mittelalter war. Spä-
ter haben die Herzöge
von Schleswig-Holstein-
Gottorf die Stadt zu ihrer
Residenz erkoren.

Who would begrudge the
delicate-looking tower of
St Peter's Cathedral in
Schleswig its 112-metre
height? In early morning
mood, water and town-
scape have merged into
one, as if in a Romantic
painting. Schleswig,
founded after the fall of
the Viking settlement
Haithabu (1066), is
linked with the Baltic by
the Schlei. The twelfth-
century cathedral shows
how powerful the mer-
chant town was in the
early Middle Ages. Later,
the Dukes of Schleswig-
Holstein-Gottorf chose
Schleswig as their ducal
seat.

Eintreten zum Sommer-
glück: Das reetgedeckte
Fachwerkhaus in Sieseby
an der Schlei gehört zu
einem Dorfensemble, das
in seiner Gesamtheit
unter Denkmalschutz
steht. Alle Häuser in dem
sich am Ufer der Schlei
hinziehenden „Unter-
dorf" befinden sich im
Besitz des Hauses Schles-
wig-Holstein-Sonder-
burg-Glücksburg, das
sich zusammen mit den
Mietern für den Erhalt
der Häuser einsetzt. Mit
blühenden Bauerngärten
trägt die Natur ihren Teil
zur perfekten Idylle bei.

Entry to summertime
happiness: this thatched
half-timbered house in
Sieseby on the Schlei is
part of a village ensem-
ble, the whole of which
is under a conservation
order. All the houses in
the "lower village"
stretching along the bank
of the Schlei are owned
by the house of Schles-
wig-Holstein-Sonder-
burg-Glücksburg, which
together with the tenants
does its best to keep
them in good condition.
Nature does its bit to
perfect the idyll, with
blooming cottage gar-
dens.

Die Schlei, die „schöne Schwester der Ostsee", ist die längste und schmalste der Ostsee-Förden. Auf einer Länge von 40 Kilometern trennt sie die bäuerlich geprägten Landschaften Schwansen und Angeln und sorgt mit ihren Buchten und Nooren für immer neue Ausblicke. Wie hier bei Sieseby bilden Felder, Wasser und Wald mit den sich ans Ufer drängenden Fachwerkhäusern ein Bild der sommerlichen Harmonie.

The Schlei, the "Baltic's lovely sister," is the longest and narrowest of the Baltic Sea fiords. Forty kilometres long, it separates the rural landscapes of Schwansen and Angeln, its bays and lagoons ensuring frequent changes of view. As here near Sieseby, fields, water and woods form a picture of summertime harmony with the half-timbered cottages clustered along the bank.

Was wie das Werk eines Land-art-Künstlers aussieht, ist in Wirklichkeit Europas letzter intakter Heringszaun. Die verschlungenen Pfahlreihen dienten schon im Mittelalter dazu, riesige Heringsschwärme auf dem Weg zu ihren Laichgründen abzufangen. 1977/78 wurde das kleine Kunstwerk restauriert und arbeitet als Labyrinth aus Pfahlreihen, Netzen und Reusen seither wieder in bewährter Manier. Mit den „Kappelner Heringstagen" feiert die Herings-Hauptstadt der Schlei jedes Jahr um Himmelfahrt ein Fest, dem der Hafen eine stimmungsvolle Kulisse ist.

It may look like a work by a land artist, but in reality it is Europe's largest intact herring fence. From back in the Middle Ages the entwined rows of stakes were used to trap giant shoals of herring on the way to their spawning grounds. In 1977/78 this minor work of art was restored, since when the labyrinth of rows of stakes, nets and traps have functioned in the tried and trusted manner. Each year on Ascension Day, Kappeln, the herring capital of the Schlei, celebrates a herring festival for which the port forms a backdrop full of atmosphere.

Wer wollte da nicht tauschen! Die Noore, hier das Bukenoor bei Sieseby, sind ebenso wie die vielen Buchten abgeschiedene Refugien, in die sich die Fische zum Laichen und die Vögel zum Brüten zurückziehen. An einem warmen Sommertag nehmen auch Pferd und Reiter einmal ein erfrischendes Bad. Da die Schlei weithin seicht ist, kann der feuchte Ausritt ohne Probleme bewältigt werden.

Who wouldn't want to swap? The Noors or lagoons, like the Bukenoor near Sieseby shown here, and the many bays are secluded refuges to which fish withdraw to spawn and birds retire to lay their eggs. On a warm summer's day, horse and rider, too, sometimes take a refreshing dip. Since the Schlei is fairly shallow everywhere, the wet ride can be undertaken without problems.

Früher harte Arbeiter, heute nostalgische Schönheiten: Wenn Traditionssegler im Eckernförder Hafen festgemacht haben, dann bietet sich für den Betrachter ein Bild aus alten Tagen. In majestätischer Ruhe ragt dahinter die Nikolaikirche auf, deren älteste Teile aus dem 13. Jahrhundert stammen. Eckernförde hat sich immer zum Meer hin orientiert, und noch heute kauft man den Fisch am liebsten direkt vom Kutter. In den Räuchereien werden aber auch die berühmten „Kieler Sprotten" hergestellt, die eigentlich in Eckernförde erfunden wurden.

Formerly hard workers, now nostalgic beauties: when traditional sailingboats berth in the port of Eckernförde, they conjure up visions of days gone by. Behind the power stands St Nicholas' Church, the oldest parts of which date back to the thirteenth century. Eckernförde has always been oriented toward the sea, and people still prefer to buy their fish straight from the boat. However, the town also has smoking-sheds producing the famous "Kiel sprats," which were actually invented in Eckernförde.

Die Schiffsindustrie (im Bild: Howaldtswerke-Deutsche Werft AG, seit 2005 Teil des Werftverbundes ThyssenKrupp Marine Systems) liefert nicht nur Bilder von grafischer Vollkommenheit. Sie spielt in dem von zwei Meeren eingerahmten Land Schleswig-Holstein immer noch eine wichtige Rolle – trotz des Strukturwandels. Im Wettbewerb mit zum Teil hoch subventionierten Konkurrenten hat die Werftindustrie sich zu einer Hightech-Branche entwickelt. Auf Gebieten wie der Ortungs- und Navigationstechnik, der Werkstoffkunde und der Mess- und Regeltechnik zählen Kieler Firmen zu den weltweit führenden Unternehmen.

The shipping industry (the picture shows the Howaldtswerke Deutsche Werft AG shipyard, since 2005 a division of ThyssenKrupp Marine Systems) does not just supply images of graphical perfection. In the state of Schleswig-Holstein, framed by two seas, it still plays an important role – in spite of structural change. In competition with sometimes highly-subsidised rivals, the shipbuilding industry has developed into a high-tech sector. Kiel firms are among the world leaders in fields such as global positioning and navigation technology, material science, and measurement and control engineering.

Die Kieler Woche, das
größte Seglerfest der
Welt, ist für die Förde-
bewohner ein Schauspiel
mit ständig wechselnden
Akteuren. Gewaltig blä-
hen sich die Spinnaker,
wenn der Wind mit fünf
bis sechs Windstärken
von achtern weht, aber
die Teilnehmer der Kieler
Woche kennen ebenso
gut auch Tage, an denen
sich kein Lufthauch
rührt. An die 5000 Segler
treffen sich alljährlich im
Juni auf der Förde zu
spannenden Regatten.
Abends schreitet man
dann im Smoking zum
festlichen Ball. Als Segel-
hochburg blickt Kiel auf
eine mehr als hundert-
jährige Tradition zurück.
Die Zeitläufe haben es
allerdings mit sich ge-
bracht, dass aus dem
„Kaiserlichen" der
„Kieler Yacht Club"
(KYC) wurde.

For residents of the fiord,
Kieler Woche (Kiel
Week), the world's
largest sailing event, is a
drama with a constantly
changing cast. The spin-
nakers swell hugely when
the wind blows at force
five to six from aft, but
Kiel Week participants
also know days when
there is not a breath
of wind. About 5,000
sailors get together on
the fiord every year
in June for a series of
thrilling regattas. In the
evenings, they don their
tuxedos for formal balls.
Kiel can look back on a
century of tradition as a
sailing stronghold. With
the changing times,
however, the letters KYC
came to stand not for
Kaiserlicher (Imperial)
Yacht Club but Kiel
Yacht Club.

# Nordfriesland und die Inseln

Welcher Maler könnte da mithalten! Mit immer wieder anderen Windungen ziehen sich die Priele durch das grüne Land. Der Hof auf der Warft wirkt wie von der Außenwelt abgeschnitten. Bei Hochwasser bieten die aufragenden Erdhügel sicheren Schutz.

What painter could match this? Narrow channels wend their way through the green countryside with constant changes of direction. The farmstead built on the raised earth platform seems to be cut off from the outside world. Such mounds of earth provide reliable protection from flooding.

„Unsere Landschaft ist bescheiden, allem Berauschenden, Üppigen fern", schrieb der Maler Emil Nolde, und doch hat er ein Werk hinterlassen, das zu seinen Worten wenig passen will. Wer das im Sommerhalbjahr geöffnete Nolde-Museum besucht, in das jährlich rund 100 000 Besucher strömen, dem wird ein Farbenrausch zuteil, wie er ihn selten gesehen hat. Denn wie kein anderer deutscher Künstler hat Nolde den Himmel zum Lodern gebracht und den Mohn wie Feuer leuchten lassen.

Im Jahr 1926 kam der Maler mit seiner Frau Ada nach Seebüll, entdeckte hier eine noch leere Warft, stellte ein eigenwilliges Haus darauf und überstand darin auch die Zeit, als die Nationalsozialisten ihn nach 1933 als entarteten Künstler mit Berufsverbot belegt hatten. Ein der Landschaft Verfallener wie so viele, denen es hier an nichts fehlt. Himmel, Wolken, Horizont, dazu Farben, die jeden Tag, ja jede Minute wechseln können, und ein Wind, der ständig zerrt, reichen aus für das schwer zu beschreibende Nordseeglück. Das Autokennzeichen NF, das für den Kreis Nordfriesland steht, wird wie ein Wappen getragen, nicht zuletzt von den vielen Wochenendfriesen, denen die nördlichste Region zur zweiten Heimat geworden ist.

**„Lewer dot as Slav"**

Während die Nordfriesen nun schon länger als tausend Jahre an der Küste leben, ist der Kreis Nordfriesland gerade einmal 40 Jahre alt. Erst im Jahr 1970 hat man die drei Landkreise Südtondern, Husum und Eiderstedt bei einer Gebietsreform zusammengefasst und ihnen eine reizvolle Metropole gegeben. Husum, die Stadt Theodor Storms, war ja schon immer das kulturelle Zentrum der Nordfriesen, nun wurde es auch Verwaltungssitz. Ein Schloss gab es schon, auch wenn das höfische Ambiente dem Wesen der Friesen eher fremd ist. Frei wollten sie immer sein – „lewer dot as Slav" – und keinem Herrn untertan.

Bis heute ist der Kampf gegen den „blanken Hans" die Leitlinie allen Lebens, und der Deichschutz, inzwischen von Husum aus geleitet, ist ein von niemandem zu vernachlässigendes Gesetz.

Hart ging man früher gegen Deichsünder vor und enteignete sie sogar, wenn sie ihren Pflichten nicht nachgekommen waren, denn „de nich will dieken, mutt wieken" hieß nichts anderes als: „Wer nicht deichen will, fliegt raus."

Aus dem Gebiet zwischen Rhein- und Wesermündung kamen die ersten Friesen in das einst von den Germanen besiedelte und später von ihnen verlassene Land. Neben der ständigen Gefahr, die vom Meer ausging, galt es sich auch gegen die Wikinger zu verteidigen, die mit schnellen Schiffen mordend und plündernd die Küsten befuhren. Doch da die Friesen aus ähnlichem Holz geschnitzt waren wie die „Nordmänner", hat man vermutlich auch manche Kaperfahrt gemeinsam gemacht. Den Friesen allerdings war ein weitaus längeres Verweilen vergönnt als den um 1066 in Haithabu untergegangenen Wikingern: Trotz verheerender Sturmfluten und kriegerischer Überfälle blieben sie an der Westküste wohnen und schufen sich mit Fischfang, ein bisschen Landwirtschaft und dem Gewinnen von Salz ihren Lebensunterhalt. Politisch lebten sie abseits der Machtzentren und konnten sich so manches Privileg erkämpfen. Leibeigen waren sie nie, da die Deichpflicht die Leibeigenschaft ausschloss.

Die großen Einschnitte im Leben der Menschen waren die Sturmfluten, bei denen riesige Landstriche, manchmal ganze Inseln und Städte, vom Meer verschlungen wurden. Auf die große „Man-

dränke" im Januar 1362, bei der mehrere Zehntausend Menschen ertranken und der Hafenort Rungholt in den Fluten versank, folgte fast 300 Jahre später die große Flut vom 11. Oktober 1634, in der die Insel Strand auseinanderbrach; Pellworm und Nordstrand blieben übrig.

Auch in unseren Zeiten hatten die großen Sturmfluten verheerende Folgen. So wurden 1825 mehr als 90 Prozent aller Hallighäuser zerstört. Dass die intensiven Bemühungen um einen besseren Küstenschutz immer noch nicht ausreichten, zeigten die „Jahrhundertfluten" von 1962 und 1976; danach wurden die Schutzwälle gegen das Meer noch weiter erhöht. Voller Sarkasmus behaupten manche Halligbewohner denn auch, dass sie heute Deiche bauen müssten gegen die vielen Feriengäste, die es im Sommer auf die fragilen Eilande treibt.

Im Storm-Haus in Husum scheint die Zeit stehen geblieben zu sein, und man glaubt den Dichter zur Zeit der Teestunde auf dem Sofa sitzen zu sehen, vor sich ein Buch, aus dem er seine neueste Novelle vorliest. In dem Haus an der Wasserreihe hat Theodor Storm als Advokat und Landvogt gelebt und den größten Teil seiner Werke verfasst.

In the Storm House in Husum, time seems to have stood still. You feel almost as if the writer Theodor Storm were sitting on the sofa at teatime, in front of him a book out of which he reads aloud from his latest novella. Theodor Storm lived and worked as a lawyer and landvogt, or judge, in this house in Wasserreihe, where he wrote most of his works.

Nordfriesland ist Urlauberland geworden, auf den Inseln mehr als auf dem Marschenboden des Festlandes, wo die Landwirtschaft noch dominierend ist. Wer von Heide kommend langsam auf Husum zufährt, genießt denn auch den Blick über die reifen Weizenfelder, sieht im August den Mähdreschern zu, wie sie ihre schwerfällige Arbeit verrichten, und freut sich an den träge grasenden schwarz-weißen Rinderherden.

**Auf Storms Spuren in Husum**

Husum kann auch der Ausgangspunkt einer literarischen Erkundungsreise sein, denn die Stadt hat einen in aller Welt verstandenen Sehnsuchtsklang. Ein bisschen „Husumerei" warf Theodor Fontane seinem Dichterkollegen Theodor Storm vor, und in der Tat hat der dieselbe gepflegt, war krank vor Heimweh, als er während der dänischen Besatzungszeit von 1853 bis 1864 im preußischen Exil leben musste, und hat nahezu jeden Quadratmeter seiner Heimatstadt in Dichtung umgesetzt. Heute kehrt man im Storm-Haus hinter dem Hafen in der Wasserreihe ein und lässt sich vom Poetenstübchen bezaubern, in dem der als

Friedensrichter und Anwalt tätige Dichter nicht weniger als 20 Novellen verfasst hat. „Die Rosen blühen wie dazumal", hat Storm in einer dieser Novellen geschrieben, und das gilt in anderer Hinsicht auch heute noch, denn die Stadt ist, auch wenn die Tourismus-Zentrale das nicht gern hört, an nebligen Novembertagen immer noch herrlich grau.

In früheren Zeiten war Husum keineswegs mit dem Meer verbunden, erst nach der „Mandränke" von 1362 bahnte sich die Nordsee einen Weg ins Land. Nach 1400 blühte Husum als Hafenstadt auf, und die 1436 erbaute Kirche zeigte mit ihrem 95 Meter hohen Turm, welche Ziele man sich gesteckt hatte. Die Gottorfer Herzöge sahen ebenfalls eine große Zukunft für Husum voraus und errichteten in den Jahren 1577 bis 1582 ein prächtiges Schloss im Stil der niederländischen Renaissance auf dem Gelände eines ehemaligen Klosters. Dass die durch die Säkularisierung vertriebenen Mönche ein ganz besonderes Erbe hinterlassen hatten, stellte sich erst später heraus. Wilde Krokusse, wie sie die Patres anpflanzten, um daraus Safran und heilende Essenzen zu gewinnen, locken noch heute mit violetten Teppichen Tausende von Besuchern im Frühling in die „graue Stadt am Meer". Mehr als zwei Millionen Krokusse öffnen dann ihre Blüten.

Husums Höhenflug dauerte nicht allzu lange, denn im 1612 gegründeten Friedrichstadt wurde schon bald ein bes-

ser zu erreichender Hafen gebaut. Husum geriet zudem in die Auseinandersetzungen zwischen den Gottorfer Herzögen und den dänischen Königen – und verlor darüber seine Bedeutung. Erst im 19. Jahrhundert ging es wieder aufwärts. Doch da man erneut Rückschläge hinnehmen musste, riss man erst einmal die scheinbar viel zu große Kirche ab und errichtete an gleicher Stelle einen klassizistischen Bau. Heute ist Husum als „Stormstadt" berühmt, aber auch als attraktiver Industriestandort gefragt. Man lebt mit einer besonderen Mischung aus Alt und Neu, aus Jugend und Gemessenheit, aus Einkaufsmeile und Hafenglück. Aber auch die Umgebung hat man längst für die vielen Sommergäste erschlossen, denn immer noch hallt der Schritt melancholisch über die Heide, und an den Deichen erlebt man immer noch, wie in Storms Alterswerk, die „Schimmelreiter"-Dramatik.

**Die Halligen – Träume im Meer**

Etwas Tragisches haftet auch den Halligen an, denen man sich nun langsam nähert, denn die kleinen Inseln mitten im Meer, die Storm mit schwebenden Träumen verglichen hat, scheinen letzte Bastionen eines einsamen Lebens zu sein. Von den zehn Halligen sind heute nur noch Langeneß, Hooge, Oland, Gröde und Habel ganzjährig bewohnt, nur zeitweise gilt dies für die Hamburger Hallig, Südfall, Süderoog, Norderoog und Nordstrandischmoor. Allerdings wendet man den kleinen Gemeinwesen von der Regierungswarte aus eine solche Aufmerksamkeit zu, dass man, wie auf der Insel Oland geschehen, für ein einziges Schulkind einen Lehrer einsetzt.

Die Halligen sind nicht wie die Inseln Föhr, Amrum, Pellworm und Nordstrand Reste des bei den Sturmfluten abgerissenen Festlandes, sondern wuchsen durch Schlickablagerungen aus dem Meer empor. Immer wieder melden die Halligen in manchen Wintern „Land unter", und die Bilder der von der schäumenden See umtobten Warfthöfe hat sie zum Symbol des Kampfes gegen die unberechenbare Natur gemacht. Nicht einmal vor Majestäten hat so ein richtiger Hallig-Sturm Respekt, denn als der dänische König Friedrich VI. im Jahr

Husum ist zur Zeit der Krokusblüte ein Mekka aller Farbsüchtigen, denn wie riesige Teppiche breiten sich dann die violetten Blüten im Schlosspark aus.

When the crocuses are in bloom, Husum is a Mecca for those who yearn for colour, for the purple flowers spread out like carpets in the Schlosspark.

1825 Hooge einen Tagesbesuch abstattete, da briste der Wind so kräftig auf, dass der hohe Gast es sich in einem Halligbett bequem machen musste. Im schönsten Raum der Insel, versteht sich, weshalb man heute auf der „Hanswarft" stolz einen Königspesel zeigt.

Tatsächlich nehmen die Halligen als Wellenbrecher eine wichtige Funktion im Küstenschutz wahr, zudem stellen sie mit den immer wieder kräftig „nachgesalzenen" Wiesen einen wichtigen Lebens-

Der Hafen von Strucklahnungshörn auf Nordstrand ist für viele das Tor zur Freiheit, denn hier legt die Fähre nach Pellworm ab.

For many people, the port in Strucklahnungshörn/Nordstrand is the gateway to freedom, for the ferry to the island of Pellworm sails from here.

raum für Pflanzen und Tiere dar. Im Frühjahr halten sich bis zu 25 000 Ringelgänse rund um die kleinen Inseln auf. Hart hallt der Schrei dann über die Watten. Was immer wieder überrascht, ist die Selbstverständlichkeit, mit der man auf den Halligen Zäune und Rosenstöcke, Hecken und Gatter wieder aufrichtet, wenn eine Sturmflut getobt hat. Dass man über Internet heute mit dem entferntesten Zipfel der Erde verbunden ist, zeigt den Fortschritt und die Weltoffenheit der Hallig-Bewohner.

Der Hafen für die Ausfahrt zu den Halligen ist Schlüttsiel, und den erreicht man, wenn man hinter Bredstedt – sehenswert sein malerischer, lang gezogener Marktplatz – in die Köge hineinfährt, die sich wie große Gärten hinter den schützenden Deichen ausbreiten. An paradiesische Zeiten fühlt man sich erinnert, wenn man Schafe, Kühe und Pferde, Schwäne, Möwen und Austernfischer in friedlichem Nebeneinander vereint auf den von Wasserarmen durchzogenen Wiesen stehen, grasen, schwimmen oder flattern sieht. Wie ein in satten

Farben leuchtender Teppich breiten sich die dem Meer abgerungenen Felder neben den stattlichen, in den 1920er Jahren erbauten grün-weißen Höfen aus. Das neue Land hat man hier wie überall an der Westküste dadurch gewonnen, dass man zwei eng nebeneinander verlaufende, ins Watt getriebene Pfahlreihen so geschickt mit Buschwerk und Reisig verband, dass die natürliche Sedimentation zur Landgewinnung führte. Später riegelte man dann das Land mit einem Außendeich gegen die Nordsee ab.

Während Schlüttsiel das Tor zu den Halligen ist, starten in Dagebüll die großen Fähren nach Amrum und nach Föhr. Die Überfahrt nach Sylt dagegen beginnt in Niebüll. Der Ort ist eine lebhafte Kleinstadt mit 8000 Einwohnern, in der es sich weitaus preiswerter leben lässt als im nahen Westerland, mit dem Niebüll durch den Hindenburgdamm verbunden ist.

## Sylt – einfach nur „die Insel"

„Nur Stille, Stille, dass es kein Weltbad werde", hatte Gerhart Hauptmann zu Beginn dieses Jahrhunderts über das in Mode gekommene Hiddensee geschrieben, und mancher hätte sich gewünscht, er hätte die Worte auch für Westerland gesagt. Denn der Ort, seit 1905 einzige Inselstadt, nahm einen solch rasanten Aufstieg, dass mancher seiner Bewunderer sich in die stilleren Heidelandschaften zurückzog. Erst 1855 trat Westerland, das bis dahin vom Fischfang und der kargen Landwirtschaft gelebt hatte, mit der Gründung des Bades aus dem Schatten des reichen Keitum heraus, und Theodor Storm staunte bei seinem Besuch im Jahr 1870 nicht schlecht über den vornehmen Badebetrieb, als er fest-

Türen können abweisend sein, in einem typischen Friesenhaus dagegen heißen sie den Besucher willkommen. Wie hier in Keitum auf Sylt hat man große Sorgfalt auf die Gestaltung der Eingangspforten gelegt. Sie gelten als Visitenkarten der Bewohner.

Doors can be offputting, but in a typical Frisian house they bid the visitor welcome. As here in Keitum on Sylt, great trouble has been taken in designing the entrance, which is regarded as the occupants' visiting card.

orchester, der romantischen Dorfkirche
St. Niels und seinem Kurhaus im
Fin-de-Siècle-Charme auch ganz beson-
dere Attraktionen hat, wird von den
mäkelnden Kritikern gern vergessen. Der
Strand mit seinem wild schäumenden
Teppich aus Gischt hat ohnehin die
größte Fan-Gemeinde.

Das Meer hat an Sylt gnadenlos
herumgenagt, wie das gerupfte, zerzauste
Inselgebilde lebhaft vor Augen führt.
Einst mit dem Festland verbunden,
brach das natürliche Bollwerk gegen die
Wucht des Meeres mehr und mehr aus-
einander, und auch heute ist die Frage,
wie man dieses mit Naturschönheiten
reich gesegnete Eiland retten kann, keineswegs zufriedenstellend beantwortet.
Als erfolgreichster Uferschutz gelten
zwar die Sandvorspülungen, bei denen
man mithilfe langer Rohre den abgedrif-
teten Sand wieder an die gefährdeten
Strände zurückpumpt und so dem
„Löwen etwas zu Fressen vorwirft",
doch auch diese Schutzmaßnahmen
erwiesen sich bei besonders wilden Stürmen als wenig dauerhaft.

In Hörnum an der Südspitze der Insel
brachen in den letzten Jahren immer
wieder Teile der Odde ab, und die Einwohner spürten in den Sturmnächten,
wie sehr hier alles auf Sand gebaut ist.
Heute scheint der Ort mit seiner hoch
auf der Düne gelegenen Kirche romanti-
scher als zuvor. Doch eingefleischte Hör-
numer lieben diese Einsamkeit, weil man
durch sie vom Sylt-Trubel meilenweit

entfernt ist. Bis Rantum erstreckt sich
eine endlose Dünenlandschaft, und auch
dieser Ort, malerisch an einer besonders
schmalen Stelle der Insel gelegen, ist mit
seiner kaum einen halben Kilometer
breiten Landbrücke ständig vom Meer
bedroht. Wie es Orten geht, die sich die
Lage direkt an der Westküste leisten,
erlebte Wenningstedt, als sich das Meer
im Jahr 1976 mehr als 25 Meter Land
holte und Häuser wie Vogelnester über
der Uferkante schwebend zurückließ.

Aber was wäre Sylt ohne seine Westküste mit ihrer so prickelnden „Cham-
pagnerluft" und dem Gefühl grenzen-
loser Freiheit! Der „Hauch des Alls"
werde einem hier „überall aufs Butter-
brot geschmiert", hat der Berliner Journalist Alfred Kerr einmal geschrieben,
während der Lübecker Nobelpreisträger
Thomas Mann geradezu pathetisch
wurde beim Anblick der wild gepeitsch-
ten See: „Es ist das Raubtiermäßige der
Wellen, das Baden in der Brandung,

stellte: „In Westerland trifft man Leute."
Die Leute sind es auch heute noch,
derentwegen viele anreisen, und vor
allem in der Zeit, in der die Surfer ihren
World-Cup vor Westerland austragen,
sammelt man Gesichter von Prominenten wie Muscheln am Strand. Dass Westerland mit einem bei nahezu jedem Wetter mit Grandezza aufspielenden Kur-

Beim Biikebrennen kann
es gar nicht kalt genug
sein, denn im Anschluss
an den großen Flammen-
rausch geht es zum
Grünkohlessen in die
Gaststätten und Restau-
rants. Überall auf den
Inseln erinnert man in
der Nacht zum Petritag
am 21. Februar an den
Brauch, die zum Wal-
fang aufbrechenden See-
leute mit einem Feuer zu
verabschieden.

The weather can't be
cold enough for the
Biikebrennen festival, for
the great thrill of the
flames is followed by a
meal of kale and pork in
the local inns and restaurants. On the eve of
St Peter's Day, 21 Febru-
ary, people everywhere
on the islands commem-
orate the custom of
bidding farewell to
departing sailors with a
bonfire.

nach dessen Prankenschlägen ich mich das ganze Jahr sehne." Schriftstellerkollege Max Frisch hielt sich eher an den realistischen Blick des Schweizers, als er bekannte: „Hin und wieder kippe ich einen Steinhäger bei so viel leerem Himmel."

Logiert haben die meisten Maler und Schriftsteller in Kampen, denn der Ort galt in der ersten Hälfte des 20. Jahrhunderts als Künstlerkolonie. Heute ist Kampen mit der 52 Meter hohen Uwe-Düne und seinen Traum- und Nacktstränden ein Ort, der den Society-Trubel zum Markenzeichen gewählt hat. Stille Plätze gibt es in der wellig dahingleitenden Heide, in der jene pastellfarbene Vollkommenheit herrscht, die es nur auf der Wattseite gibt.

Im Listland kann man süchtig werden nach Weite, nach Einsamkeit, nach Meer. Der gesamte Nordteil der Insel Sylt gehörte einst zwei reichen Familien, die man die Königsfriesen nannte, denn der dänische Monarch hatte ihnen das Listland geschenkt. Hier erstrecken sich die Strände, an denen man sich wie im Niemandsland fühlen kann.

In the Listland district you can get hooked on wide-open spaces, solitude and sea. The whole of the northern part of the island of Sylt was once owned by two rich families known as the Königsfriesen or King's Frisians, for the Listland had been given to them by the King of Denmark. The long beaches here can give you the feeling of being in no-man's-land.

Das Watt nahm auch die Bauerndörfer auf, und geradezu behäbig breiten sich Orte wie Morsum, Archsum und Keitum in den weiten Wiesen, in Rapsfeldern und Pferdekoppeln aus. Die mächtigen Kirchen St. Martin in Morsum und St. Severin in Keitum erinnern weithin sichtbar daran, dass die Inselbewohner nicht erst mit den Badekarren die Insel erstürmten. Vor allem Keitum, „das grüne Herz der Insel", vermittelt mit den sich durch den Ort ziehenden Straßen, mit mächtigen Kastanien und überquellenden Gärten ganz eigene Heimatgefühle. In Keitum haben vor allem die Kapitäne gewohnt, denen die Grönlandfahrt einen bis dahin nicht gekannten Reichtum beschert hatte. Wie kleine Inselburgen erbauten sie ihre Häuser mit dem herrisch aufragenden Friesengiebel und statteten sie mit wertvollem Inventar aus. Zwei Museen erinnern heute daran, dass Keitum einmal der Mittelpunkt der Insel war. Sogar vom entfernten List aus trat man bei gutem Wetter die Fahrt zum Gottesdienst in der Keitumer Kirche an.

Bis List erstreckt sich eine Landschaft, die selbst weit gereiste Weltenbummler verstummen lässt. Endlos reihen sich die von Heidekraut bewachsenen Dünenketten aneinander, wie Schneeberge ragen die bis zu 1300 Meter langen und 35 Meter hohen Wanderdünen auf. Zwi-

schen drei und zehn Meter bewegen sie sich im Jahr weiter – die Sahara hat einen Platz auf Sylt.

List, der nördlichste Hafen Deutschlands, empfängt nach so viel Erhabenheitsgefühl mit überaus geselligem Leben. Krabbenkutter laufen ein, eine Fähre verschwindet im sommerlichen Dunst, und den Möwen gar nicht so unähnlich haben sich Hunderte von Urlaubern um die Ernte des Meeres geschart, die Jürgen Gosch in seiner Fischhalle ausbreitet. Scampi und Prosecco, Pfannfisch und Bier – auch das ist „die Insel", ist Sommerglück.

Später im Listland ist man dann noch einmal mit einer Sylter Besonderheit konfrontiert: Hier lag immer eine dänische Enklave, und noch heute gehören Teile des Listlandes zwei Familien und einer Erbengemeinschaft. Noch immer darf deshalb beim Eintritt in das „Ausland" eine Maut erhoben werden – doch man zahlt sie gern, weil der Ellenbogen immer noch die Weite und Einsamkeit bietet, derentwegen man auf diese Insel kommt.

Noch eine Besonderheit bietet Sylt: An stillen Tagen kann man, von einem Führer geleitet, weit in das Watt hinauswandern. Und das ist schon ein einzigartiges Gefühl, wenn man auf dem Meeresboden unterwegs ist.

### Föhr – wo der König tanzte

Mit Sylt und Föhr ist es wie mit zwei Schwestern, von denen die eine wild und feurig, die andere aber schön und sanft ist. Denn wenn das 82 Quadratkilometer große Föhr für seine kühnen Walfangkommandeure ebenso berühmt ist wie Sylt, so hielt man es hier doch immer auch mit der Landwirtschaft. 16 Dörfer liegen auf der behaglich runden Insel. Bilder von weidenden Schafen und Kühen, von Mühlen und einsamen Fluchtburgen prägen die Landschaft. Von wogenden Getreidefeldern umgeben, fährt man hier auf die Strände zu, die sich zwischen Wyk und dem neun Meter hohen Goting Kliff ausbreiten, oder man lässt sich von der scheinbar endlosen Weite des Vorlandes berauschen, in dem ein ständiges Kreischen und Schreien die Anwesenheit von unzähligen Wasservögeln belegt.

Unter den vielen Kirchen gelten St. Johannis in Nieblum (der „Friesendom") und St. Laurentii bei Süderende als die prachtvollsten Gotteshäuser. In Süderende begegnet man auf dem Friedhof dann auch den „redenden Steinen", die dem Betrachter so manche in wetterfesten Sandstein gehauene Geschichte erzählen – wie etwa die von Matthias Petersen, der „durch unglaubliches Glück 373 Wale gefangen hat, sodass er daher nach dem Urteil aller den Namen ‚Der Glückliche' erlangte".

Im Häberlin-Friesen-Museum in Wyk erinnern viele Exponate an das um 1630 angebrochene „Goldene Zeitalter" Föhrs, als zeitweilig jeder dritte Einheimische im Nordmeer unterwegs war.

Föhr muss man lieben, schon der Gärten wegen. Überall rahmen üppig blühende Blumenrabatten die reetgedeckten Häuser ein. Mit 16 Dörfern und einer Stadt ist Föhr die grünste der friesischen Inseln.

You have to love Föhr, if only for the gardens. Everywhere the thatched cottages are framed by luxuriantly blooming flower-beds. With 16 villages and one town, Föhr is the greenest of the Frisian islands.

Heimweh nach Föhr scheint eine unheilbare Krankheit zu sein, und viele Insulaner kehrten im Alter zurück. So auch Frederik Paulsen, der nach seiner Flucht vor den Nationalsozialisten in Schweden ein Pharmaunternehmen gegründet hatte. Zu seinem 100. Geburtstag hat sein Sohn und Erbe der Insel Föhr im Sommer 2010 ein 13,2 Millionen Euro teures Geschenk gemacht, das die Kunstwelt in Erstaunen versetzt. Das neue „Museum Kunst der Westküste" liegt in dem kleinen Ort Alkersum, nur ein paar Kilometer von Wyk entfernt. Etwa 400 Werke mit dem Bezug zu Meer und Strand werden in einem neu errichteten Museumskomplex auf einer Gesamtfläche von 750 Quadratmetern gezeigt, und Namen wie Emil Nolde, Max Liebermann, Max Beckmann und Edvard Munch gehören ebenso dazu wie jene Maler, die wie Jakob Alberts zu Beginn des 20. Jahrhunderts auf Föhr gemalt haben. Unter den sechs sich dem dörflichen Charakter von Alkersum anpassenden Gebäuden befindet sich deshalb auch Grethjens wieder aufgebauter Gast-

hof, der um die Jahrhundertwende ein Künstlertreff, aber auch Zentrum des Dorfes war.

Wyk, die einzige Stadt auf der Insel, entschied sich schon früh für den Kurbetrieb. Bereits im Jahr 1819 öffnete man sich für das Badeleben, auch wenn es vorerst nur ein einfaches Haus für Wannenbäder gab und der Apotheker zur Beruhigung der Badegäste sicherheitshalber das Meerwasser unter einem Mikroskop untersuchte. 1842 verliebte sich der dänische König Christian VIII. so spontan in das kleine Wyk, dass er es zu seinem Sommersitz erkor und tausend Ulmen stiftete, damit man darunter erholsam im Schatten wandeln konnte. Bis 1847 reiste Hoheit jeden Sommer mit Familie und einem bis zu 100 Mann starken Gefolge an. Hans Christian Andersen, Theodor Fontane und Christian Morgenstern trugen sich ebenso wie General Helmuth von Moltke, Rudolf Virchow, August Bebel und viele andere

in das Gästebuch ein. Johann Strauß komponierte hier sogar die walzerseligen „Nordseebilder". Mit dem Tod Christians VIII. im Jahr 1848 endete Föhrs möwenumkreischte „Residenz"-Zeit, doch dem Seebad hat man auch danach seine Vornehmheit nicht nehmen können.

### Amrum – das Wunder Kniepsand

Und wie steht es mit Amrum, der dritten im Bunde der Nordfriesischen Inseln, die den Besucher mit einem „Hartelk welkimen üüb Oomram" begrüßt, was in der Sprache der Amrumer Friesen nichts anderes heißt als „Herzlich willkommen auf Amrum"? Wer einmal ein paar Wochen hier gelebt hat, bekommt bereits beim Nennen des Namens sehnsuchtsvolle Augen, denn allein der Kniepsand ist Wunder genug: eine neun Quadratkilometer große Sandbank mit zwölf

Kilometer langer Brandungszone, die gänzlich unbebaut ist und folglich zur Verwirklichung aller Robinson-Träume einlädt. Strandhütten errichten sich die Urlauber aus dem, was das Meer anspült, und das bedeutet dann Sesshaftigkeit für ein paar helle Sommertage.

Für dauerhaftes Bleiben gibt es Orte wie Nebel mit seiner beinahe 800 Jahre alten St.-Clemens-Kirche oder Norddorf, wo sich reetgedeckte Häuser in bunten Bauerngärten verstecken. In Wittdün, wo man auch heute noch mit dem Schiff ankommt, schweift der Blick von dem 1873 bis 1875 erbauten Leuchtturm weit über Wald (Amrum ist mit 185 Hektar die waldreichste der Inseln), Heide, Felder, Dünen und Strand. Bis ins 13. Jahrhundert gehörte Amrum noch zum Festland, und erst mit den verheerenden Sturmfluten und dem Anstieg des Meeresspiegels wurde es zur Insel. Wie auf Sylt und Föhr war auch für die Männer von Amrum die Walfangzeit eine goldene Epoche. Das Meer gibt und nimmt – und wie unberechenbar es dabei ist, kann man an dem Friedhof der Namen- und Heimatlosen in Nebel ablesen, wo man die angeschwemmten Toten, die niemand kennt, seit Jahrhunderten beisetzt.

Dass die Inselbewohner erst spät das Badeleben entdeckten, hatte mit der Angst vor Veränderung zu tun. Erst als Kapitän Volkert Quedens um die Jahrhundertwende eine Landungsbrücke und ein Hotel auf die bis dahin unbesiedelte

Südspitze stellte, reiste man auch hier mit Sonnenschirm und Vatermörder an. Heute stellen die 2300 Einwohner immerhin 12 000 Gästebetten bereit, und längst ist der Fremdenverkehr zur wichtigsten Einnahmequelle geworden. Der Kutterhafen bewahrt bis heute, auch wenn die Boote von den Büsumer, Tönninger und Friedrichskooger Krabbenfischern gestellt werden, sein maritimes Flair, denn der Duft frischer Krabben gehört auf Amrum so selbstverständlich zum Alltag wie der zerrende, streichelnde, aufrüttelnde Wind.

### Marscheninseln fürs Sommerglück

Wer es noch ein bisschen wilder liebt, hat mit der Insel Pellworm ein überaus attraktives Reiseziel, das er bequem von Amrum aus mit der Fähre erreichen kann. Pellworm ist etwas zum Sesshaftwerden. Mit wogenden Getreidefeldern, stattlichen Höfen und einer überaus reichen Vergangenheit – hier feierte der reiche Bauer im Saal und nicht in der Stube – scheint die Insel ein Gegenstück zu dem früher eher ärmlichen Amrum zu sein. Die Kirche – auch wenn sie nur eine Ruine ist – hat noch keine Sturmflut „geschafft". Mit einer bizarren Fassade hat sie die Naturgewalten überlebt. Ein archaisches Monument, dessen „Bildhauer" das Meer war.

Auch die über einen Damm mit dem Festland verbundene Halbinsel Nordstrand setzt mit windgepeitschten Stränden auf einen eher herben Charme und bringt doch mit dem Pharisäer ein Getränk auf den Tisch, das eine überaus charmante Entstehungsgeschichte hat. Denn als die Nordstrander einen Pfarrherrn bekamen, der ihnen den Rum im Kaffee verbieten wollte, da bedeckten sie die Tassen aus Furcht vor verdächtigen Gerüchen kurzerhand mit einer hohen Haube aus Sahne und genossen so, gut geschützt, ihr überraschend wohlschmeckendes Getränk. Mit dem Ausdruck „ihr Pharisäer" deckte der geistliche Herr den Schwindel dann zwar auf, er gab dem Gebräu aber auch einen so wohlklingenden Namen, dass man nun überall an der Westküste den „Pharisäer" genießt. Natürlich kennt man ihn auch auf Eiderstedt, das man von Nordstrand aus in einer halben Stunde errei-

Wo man den Gewalten der Natur oftmals schutzlos ausgesetzt war, hatte man ein anderes Verhältnis zum Tod. Auf „redenden Steinen" haben die eher wortkargen Inselfriesen ihre Lebensgeschichten in einfachen, bisweilen auch poetischen Sätzen erzählt. Wie hier bei St. Laurentii in Süderende auf Föhr kann man die Biografien unter einem hohen, hellen Himmel studieren.

Where people were often exposed defencelessly to the forces of nature, they had another relationship with death. The somewhat taciturn island Frisians told their life stories in simple, sometimes poetic sentences on "talking stones." At places such as St Laurent's in Süderende in the picture, one can study the biographies under an open, bright sky.

chen kann. Läge da nicht noch Friedrichstadt am Wege, das unbedingt besucht werden will.

### Holländersiedlung Friedrichstadt

Wie Glückstadt war auch Friedrichstadt das Ereignis eines ehrgeizigen Plans, denn die 1621 von Herzog Friedrich III. von Schleswig-Holstein-Gottorf gegründete Stadt am Zusammenfluss von Eider und Treene war als Umschlagplatz für den Nord- und Orienthandel über Russland bis nach Persien geplant. Glaubensverfolgte Remonstranten fanden hier Schutz, sollten aber auch im Interesse des Lan-

Die Perspektive schafft es, dass die Möwen genauso groß wirken wie der Amrumer Leuchtturm. Dabei ist dieses Meisterwerk der Technik mit 64 Metern Feuerhöhe einer der höchsten Leuchttürme Deutschlands.

The angle makes the seagulls look almost as big as the Amrum lighthouse. Yet, at 64 metres high, this engineering masterpiece is one of the tallest lighthouses in Germany.

desherrn kaufmännisch tätig werden. Sie lieferten auch die Vision, wie die Stadt aussehen sollte, nämlich so wie eine besonders malerische Stadt in Holland.

Noch heute verschlägt es einem beinahe den Atem, wie perfekt die Stadtanlage den Exilanten gelang, denn ein weitverzweigtes Grachtensystem lässt die aufragenden Bürgerhäuser mit den Treppengiebeln, die Kirchen und Stadtpalais durch Wasserspiegelungen gleich zweimal erscheinen. Als bedeutendster profaner Bau ragt die Alte Münze als reich gegliedertes Giebelhaus auf. An der Mennonitenkirche fühlt man sich daran erinnert, dass zeitweilig bis zu sieben Religionsgemeinschaften in der Stadt vereint waren. Wie Tönning hat sich auch Friedrichstadt immer nach Eiderstedt hin orientiert.

### Kirchen und Haubarge auf Eiderstedt

Eiderstedts Geschichte ist so ganz anders verlaufen als die des benachbarten Dithmarschen, denn hier hat man seine Selbstverwaltung immer geschickt den

jeweiligen Zeitläufen angepasst und sich als Kapitalmacht manche Freiheit mit dem Talersäckchen in der Hand erstritten. Auch auf Eiderstedt waren es nur die reichen Bauern, die das Sagen hatten und sich zu einem Verband zusammenschlossen, in dem die wichtigen Gesetze und Bestimmungen beschlossen wurden.

Üppiger Wohlstand brach auf der Halbinsel im 16. Jahrhundert aus, als überall die Städte einen enormen Bedarf an Korn und Fleisch entwickelten und man neben dem Getreideanbau nun auch die Weidewirtschaft intensivierte.

Damals nahm auch Tönning seinen Aufschwung, als hier alljährlich bis zu 70 000 Stück Vieh verladen wurden. In dieser Zeit wurde Tönning zur Festung ausgebaut, und bald erhob sich am Ufer der Eider auch ein prachtvolles Schloss. Mit dem Glanz war es allerdings vorbei, als sich der schleswigsche Herzog mit den Schweden verbündete. Die Dänen besiegten die Allianz und schleiften die

Festung. Aber Tönnings Sterbelied war keineswegs gesungen. Neue Bauten kamen dazu, man beherbergte namhafte Künstler in den Stadtmauern und pflegte sein Image als idyllische Hafenstadt. Mit engen Straßen, einem eleganten Packhaus und der prächtigen St.-Laurentius-Kirche, in der ein Bild des in Tönning geborenen Malers Jürgen Ovens hängt, gehört die Eidersiedlung heute zu den Stadtlandschaften mit Stil.

Aber Tönning erkennt auch heute die Zeichen der Zeit. Das 1999 eröffnete Multimar-Wattforum hat bereits Millionen von Besuchern in seinen Bann gezogen. In 36 Aquarien werden mehr als 1000 Fische sowie 20 000 wirbellose Tiere gezeigt. 250 000 Liter Wasser fasst ein Großaquarium, in dem Taucher zeitweilig die Fische füttern. Der Star des Museums ist ein wahrer Gigant: Im Walhaus kann man das 17,5 Meter lange Skelett eines Pottwals bestaunen, der im Jahre 1992 vor der dänischen Insel Römö gestrandet und später präpariert worden ist. Nicht nur Kinder stehen staunend vor dem Tier, das für den Mythos von Moby Dick steht.

Ganz in der Nähe triumphiert die Technik. Das 1973 fertiggestellte Eidersperrwerk hat als eine der modernsten Hochwasser-Schutzanlagen Ruhe in die Region gebracht. Eine Durchfahrt lässt Tönning auch weiterhin Hafenstadt sein und das Tor zur Halbinsel Eiderstedt.

Dass die Halbinsel eine Welt für sich ist, zeigen nicht zuletzt die Haubarge, die das weithin sichtbare Erbe der wirtschaftlichen Blüte im 16. und 17. Jahrhundert sind. Als „Ein-Haus-Hof" nach holländischem Vorbild erbaut, nahm dieses „größte Bauernhaus der Welt" Familie, Gesinde, die Ernte, das Vieh und alles, was man sonst zum Leben brauchte, unter sein riesiges Dach. Dazu das Heu, das man auf dem weitläufigen Boden bergen konnte.

Von den 400 Haubargen, die es um 1800 auf Eiderstedt gab, stehen noch knapp 70. Allerdings dienen nur noch wenige der Landwirtschaft. Der berühmte „Rote Haubarg" etwa wurde in ein Gasthaus mit angeschlossenem kleinen Museum umgewandelt. Viele andere Haubarge hat man in den letzten Jahren unter der Obhut des Denkmalschutzes zu Wohnhäusern umgebaut und meisterhaft

restauriert. Dass einige Haubarge mit 1000 Quadratmetern größer sind als so manches Herrenhaus, dokumentiert ihre einzigartige Rolle als „Bauernburgen".

Im Übrigen hat selbst Eiderstedt, wo es doch nie die Leibeigenschaft gab, im Kirchspiel Oldensworth das Herrenhaus Hoyerswort, das sich als prachtvoller Renaissancebau über Bäume und Kohlfelder erhebt. Das 600 Quadratmeter große Haus kam bereits 1771 in den Besitz der Bauernfamilie Boye Hamkens, bei der es bis heute verblieb.

Neben den Haubargen sind die Kirchen der kunstgeschichtliche Reichtum Eiderstedts, denn eine solche Dichte an Gotteshäusern gibt es nicht noch einmal in Deutschland. 18 Kirchen stehen auf der Halbinsel, und nahezu jeder Ort – wie beispielsweise Kotzenbüll, Tating, Westerhever, Katharinenheerd oder Garding – hat seine eigene Kirche. Wertvolle Altäre und kunstvoll ausgemalte Decken, jahrhundertealtes Gestühl und Orgelprospekte aus der Zeit des Barock gehören zu dem Interieur, das oftmals von reichen Bauern gestiftet wurde. Vor allem die geschnitzten Kanzeln haben hier eine so eigene Prägung, dass man vom „Eiderstedter Kanzeltyp" spricht. Das beste an den Kirchen aber ist, dass sie noch „arbeiten", d. h. sie sind immer noch Mittelpunkt der Gemeinden, und meist steht auch noch das Gasthaus für den Kirchenschnaps gleich nebenan.

Bis heute haftet dieser Landschaft etwas Wildes und Urtümliches an, was vor allem an dem Wind liegt, der wenig duldet, was allzu beschaulich ist. Rosen von der Fülle wie im Osten des Landes oder Parks mit beschnittenen Buchsbaumhecken? Man braucht das nicht, weil die prallen Wolken über dem Deich, weil die endlosen Weiden, die hier „Fennen" heißen, sich zu einem Gesamtbild zusammenfügen – in dem Tausende von Schafen und Kühen und knorrige Bäume der Blickfang sind. Im Sommer quellen die Gärten dennoch von Bauernblumen über.

## Mommsen, Gardings großer Sohn

Die durch keine Erhebung unterbrochene Landschaft lässt Eiderstedt größer erscheinen, als es ist. Die zentrale Stadt auf der Insel zählt gerade einmal 2700 Einwohner und begeistert mit stillen Straßen. 1590 wurde Garding das Stadtrecht verliehen, doch berühmt wurde es vor

allem durch einen Mann, der hier im Jahr 1817 im ältesten Wohnhaus des Ortes, dem Pastorat, geboren wurde. Theodor Mommsen erhielt als erster Deutscher 1902 den Nobelpreis für Literatur, der ihm jedoch nicht – wie dem Lübecker Thomas Mann – für einen Roman zugesprochen wurde, sondern für seine außerordentlich lebhafte Schilderung der „Römischen Geschichte". Mit Witz und journalistischem Gespür hatte Mommsen die komplizierten Vorgänge im alten Weltreich so verständlich dargestellt, dass man sich leicht in die vergangene Zeit versetzen kann. In Berlin hat Mommsen den größten Teil seines Lebens verbracht, nannte nicht weniger als 16 Kinder sein Eigen und gehörte als Nationalliberaler dem Preußischen Abgeordnetenhaus und von 1881 bis 1884 dem Reichstag an. Schier unstillbar war sein Wissensdurst. Nachdem er den ganzen Tag in der Bibliothek geforscht hatte, nahm er sich noch eine solch stattliche Anzahl von Büchern mit nach Hause, dass er sich für den Transport von seinem Schneider extra große Taschen in den weiten Mantel nähen ließ.

In Garding hat man für den großen Eiderstedter in seinem Geburtshaus eine Gedenkstätte eingerichtet, in der man auch vieles über die schleswig-holsteinische Freiheitsbewegung erfährt.

## Ein Paradies für Strandsegler

Zu Mommsens Zeiten war St. Peter-Ording, das inzwischen zu den größten Attraktionen der Westküste zählt, noch eher beschaulich. Der Badeort ist heute ein Mekka für alle, denen die eingezäunten Kur-Strände ein Graus sind. In St. Peter-Ording hat man Platz, denn breiter ist kein Strand an der Küste. 14 Kilometer lang und zwei Kilometer breit ist die Sandbank, die vor dem Ufer liegt – für Strandsegler die begehrteste Piste Europas. Mit einer Geschwindigkeit von 50 bis 100 Kilometern pro Stunde (der Weltrekord liegt bei 190 Stundenkilometern) jagen hier die Strandsegeljachten über die Piste und frönen damit einem Sport, der seine Anfänge vor über 3700 Jahren in China nahm. Schon damals nutzte man den Wind als natürlichen „Treibstoff" für die Beförderung von Lasten.

In Europa hat sich das Strandsegeln um die Jahrhundertwende durchgesetzt, doch erst nach dem Zweiten Weltkrieg entdeckten die Einwohner von St. Peter-Ording, welch einzigartige Piste sie da vor der Tür hatten. Seither wird hier nicht allein zum Vergnügen über den Strand gejagt: In sportlich harten Wettbewerben werden die besten unter den Strandjägern gekürt, und der Jachthafen liegt mitten in den Dünen.

Das eindeutige Wahrzeichen St. Peter-Ordings sind allerdings die Pfahlbauten auf der Wattseite der Sandbank, die wie riesige Kraken bizarr in dem amphibischen Land aufragen und in denen sogar ein Café untergebracht ist. Daneben hat der Ort aber auch ein nostalgisches Gesicht. Für das Letztere ist die Kirche in Ording das berühmte Beispiel, die mehrfach auf der Flucht vor dem Meer neu aufgebaut wurde und im Innern durch ihre Deckenmalerei im bäuerlichen Stil anheimelnd wirkt.

Markantester Punkt auf Eiderstedt ist der Leuchtturm von Westerhever, den man nach einem knapp einstündigen Fußmarsch erreichen kann. Der aus Gussstahl konstruierte, 1906/07 erbaute Turm ist allerdings keineswegs auf Sand gebaut. 127 große Baumstämme wurden in das Erdreich getrieben, ehe das bekannteste Gebäude an Schleswig-Holsteins Westküste seinen Platz auf einer ausladenden Plattform fand. Aus 41,5 Meter Höhe warnen auch heute noch Lichtsignale die Steuerleute draußen auf dem Meer. Die beiden Häuser zur Linken und zur Rechten aber sind nicht mehr von Leuchtturmwärtern bewohnt, da auch dieses „Füür" zentral gesteuert wird.

Sollte man auf Eiderstedt im Übrigen einmal auf Leute treffen, die mit bis zu vier Meter langen Stöcken über Gräben und Wasserläufe springen, so braucht man nicht an seinem eigenen Verstand zu zweifeln. Mit dem „Klootstockspringen" erinnert man heute an die Zeiten, als man mangels Brücken die vielen der Kommunikation im Wege stehenden

Gräben einfach übersprang. Wie das Biikebrennen, das Ringreiten und das Boßeln wird auch dieser Brauch auf Eiderstedt liebevoll gepflegt.

Ähnlich drängelig sah es im 16. und 17. Jahrhundert im Tönninger Hafen aus, als hier ein Großteil der Eiderstedter Getreideernte verschifft wurde. Heute zählt Tönning zu den reizvollsten Städten an der Westküste. Neben dem stattlichen Marktplatz sind es vor allem der Eiderhafen, der mit einer Mischung aus Alt und Neu besticht, sowie das 1999 eröffnete Multimar-Wattforum, in dem man das 17,5 Meter lange Skelett eines Wals bestaunen kann.

Tönning harbour looked just as bustling in the sixteenth and seventeenth centuries when a large proportion of the Eiderstedt grain harvest was loaded on ships here. Nowadays Tönning is one of the most delightful towns on the west coast. Apart from the fine market square, it is above all the Eiderhafen port area that enchants with its mixture of old and new, along with the Multimar-Wattforum, opened in 1999, where a whale skeleton 17.5 metres long can be admired.

„... über die feuchten Watten spiegelt der Abendschein" – Theodor Storm, der große Liebhaber des Nordens, hat diese Zeile gedichtet, die so gut zum Bild des trocken gefallenen Watts in der tief stehenden Sonne passt. Von Prielen durchzogen, bildet die Schlick- und Schlammlandschaft bei jeder Ebbe neue Formationen. Zweimal am Tag kommt die Flut, und ebensooft weicht das Meer auch wieder zurück. Als eine der letzten großen Naturlandschaften wurde das Wattenmeer vor der schleswig-holsteinischen Westküste als Nationalpark unter Naturschutz gestellt (seit 2009 UNESCO Weltnaturerbe), um so die Einzigartigkeit zu bewahren.

"... over the damp mudflats gleams the evening sun." The writer Theodor Storm, a great fan of the North, wrote these words, which go so well with the picture of a dried-out mudflat in the setting sun. Criss-crossed with narrow channels, the landscape of ooze and mud forms new patterns at every low tide. Twice a day the tide comes in and twice a day the sea recedes again. As one of the last great natural landscapes, the mudflats off the west coast of Schleswig-Holstein have been placed under a conservation order as a national park (since 2009 UNESCO World Natural Heritage) so as to guard their uniqueness.

Sahara auf Sylt? Die Wanderdünen, die man auf dem Weg nach List passiert, zählen mit ihrem leuchtend weißen Sand zu den eindrucksvollsten Naturschauspielen auf der Insel. Alljährlich treibt der Westwind die bis zu 35 Meter hohen Sanddünen zwischen drei und zehn Meter weiter gen Osten – bis schließlich die Vegetation mit Dünengras und anspruchslosen Sträuchern die eine oder andere „Düne auf Wanderschaft" zum Stehen bringt. Früher bedeuteten Wanderdünen für manches Dorf den Untergang, wie man an Alt-List sehen kann.

The Sahara on Sylt? With their brilliant white sand, the shifting dunes you pass on the way to List are one of the island's most impressive natural spectacles. Every year the west wind drives the sand-dunes, which are up to 35 metres high, between three and ten metres further eastward – until finally the vegetation, consisting of dune grass and undemanding shrubs, brings one or other of the "wandering dunes" to a halt. In former times, the shifting dunes spelled the ruin of some villages, as can be seen from Alt-List (Old List).

155

Für Kenner heißt Sylt schlicht „die Insel", und das liegt nicht zuletzt daran, dass es hier einzigartige Naturlandschaften gibt. Dem Himmel unendlich nahe wandert man oberhalb von Morsum Kliff rund um das Landhaus Nösse auf wilden Wegen. Das Kliff stellt ein einzigartiges geologisches Denkmal dar. Im Schatten dieses Mekkas aller Einsamkeitssüchtigen liegt Morsum, ein Bauerndorf mit romanischer Kirche.

To those in the know, Sylt is simply "the Island," not least on account of its unique natural scenery. Above Morsum Cliff you can walk on wild paths around Landhaus Nösse infinitely close to the sky. The cliff is a unique geological monument. In the shade of this Mecca of solitude-seekers lies Morsum, a farming village with a Romanesque church.

Sie gehören zu Sylt wie
Himmel und Meer: Die
Friesenhäuser mit ihrem
steil aufragenden Giebel,
den Sprossenfenstern und
den einladenden Garten-
toren schaffen die Behag-
lichkeit, nach der man
sich in der Unendlichkeit
der Natur sehnt. Mit
ihren tief heruntergezo-
genen Dächern scheinen
sich die „uthlandfriesi-
schen Häuser" geradezu
unter dem Wind zu
ducken. Seit Jahrhunder-
ten trotzen sie der Wucht
der Stürme und geben
den Menschen Schutz
und Geborgenheit. Liebe-
voll angelegte Gärten wie
vor diesem Haus in
Keitum sorgen aber auch
für sommerliche Fülle.

They are just as much a
part of Sylt as sky and
sea: the Frisian houses
with their steep gables,
mullioned windows and
inviting garden gates
create the cosiness one
yearns for in the infinity
of nature. Low, over-
hanging roofs make these
North Frisian cottages
look as if they are
ducking to avoid the
wind. For centuries they
have withstood the brunt
of storms and provided
protection and security
to humans. At the same
time, lovingly tended
gardens like the one in
front of this cottage in
Keitum ensure summer-
time abundance.

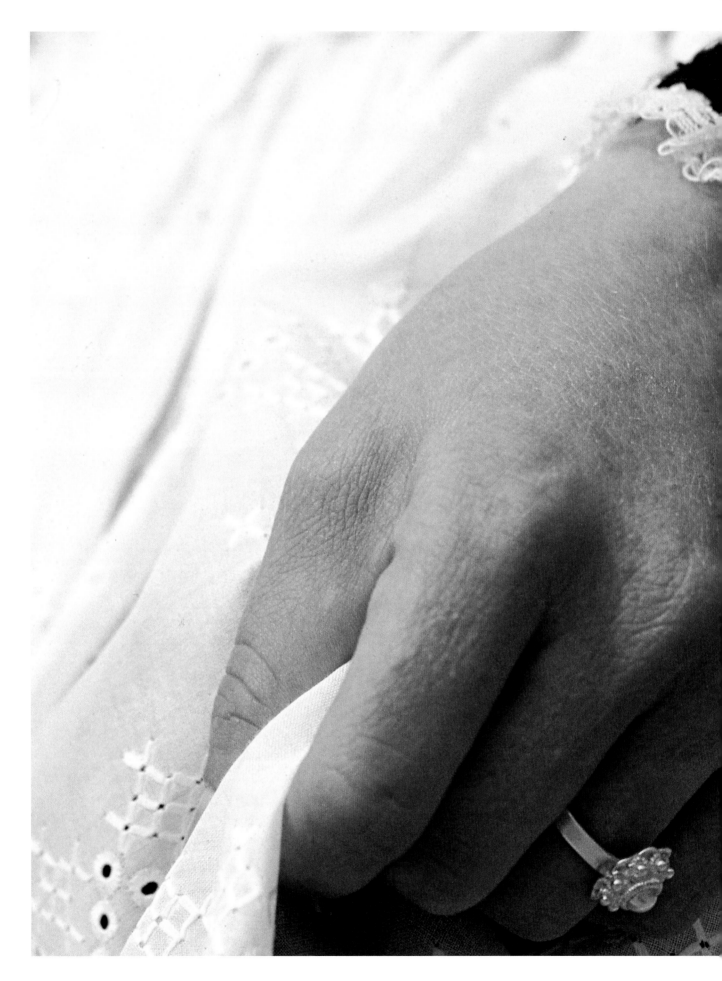

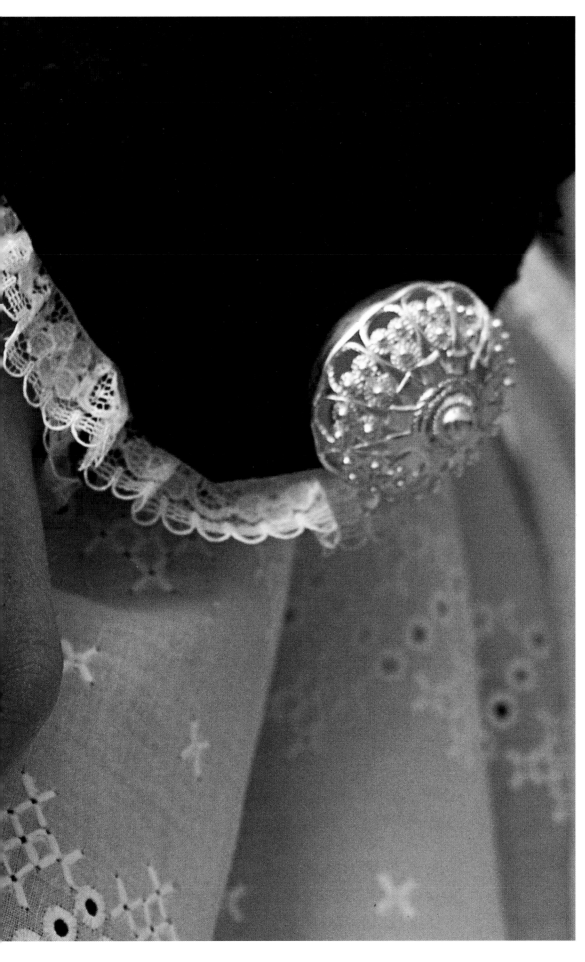

Die heutige Föhrer
Tracht hat sich erst in
der zweiten Hälfte des
19. Jahrhunderts ent-
wickelt – das beinahe
moderne Aussehen führt
dazu, dass sie noch heute
bei besonderen Anlässen
getragen wird. Unter den
drei verschiedenen Arten
fällt vor allem die Fest-
tracht mit ihrem kunst-
voll gearbeiteten
Schmuck aus Filigran-
silber auf.

The traditional dress of
the island of Föhr was
adopted only in the
second half of the nine-
teenth century. Its almost
modern appearance
ensures that it is still
worn on special occa-
sions. Most striking of
the three different cos-
tumes is the one worn on
high days and holidays
with its artistically worked silver-filigree decora-
tion.

Wer sich auf dem Kniep-
sand sonnt, sieht bis zum
Horizont nur Sand – der
größte Flächenstrand der
Nordsee liegt auf Amrum
und ist mit seinen
15 Kilometern Länge ein
Eldorado für Sonnen-
anbeter. Im Laufe der
nächsten Jahrhunderte
wird ein Weiterwandern
des gewöhnlich nicht
überfluteten Hochsandes
um die Nordspitze
Amrums herum erwartet.
Heute fungiert der Kniep-
sand als natürlicher
Schutz vor Sturmfluten.

Visitors sunning them-
selves on the Kniepsand
see nothing but sand as
far as the horizon. The
North Sea's largest beach
in terms of surface area
is on the island of
Amrum. Fifteen kilo-
metres long, it is a para-
dise for sun-worshippers.
Over the next centuries
the high sand, which is
not usually flooded, is
expected to shift further
around the northern tip
of Amrum. Today, the
island's Kniepsand beach
provides natural pro-
tection from storm tides.

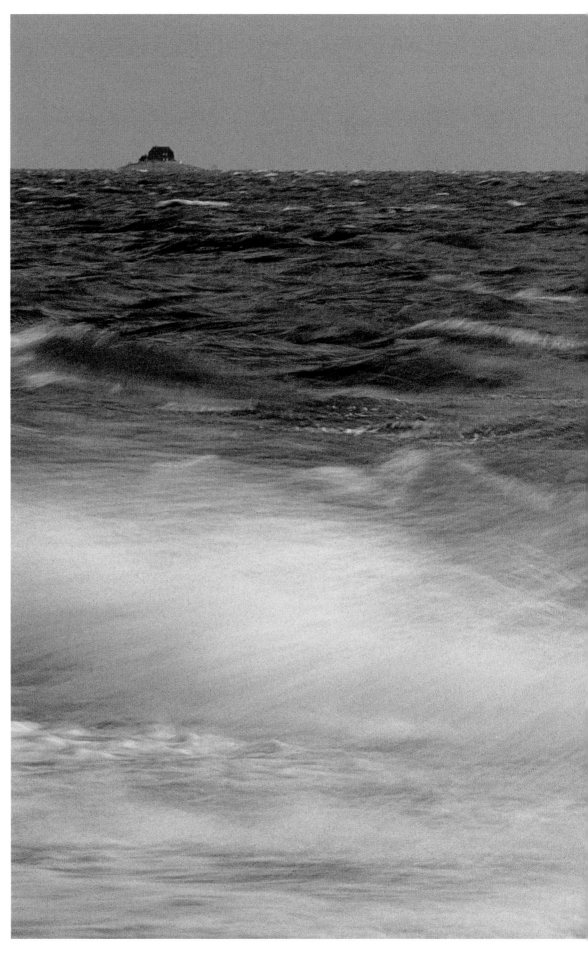

Nichts rührt die Menschen so sehr an wie die Bilder der einsam im Meer liegenden Halligen, denn die „Perlen" in der Nordsee sind in Sturmnächten ganz auf sich gestellt. Dann tobt der Wind um die sich duckenden Häuser, und der Blick der Bewohner geht ängstlich zum Wasser hin. Die Halligen sind Teil der Kulturlandschaft des Wattenmeeres, und der Name kann mit „salziges, niedrig gelegenes Land, was trocken ist" übersetzt werden. Die fünf ganzjährig bewohnten Halligen sind Langeneß, Hooge, Oland, Gröde und Habel. Nur zeitweilig bewohnt sind die Hamburger Hallig, Nordstrandischmoor, Südfall, Süderoog und Norderoog – was den Vögeln nichts ausmacht: Für sie sind die „Maulwurfshügel" im Meer wichtige Refugien.

Nothing moves people so much as pictures of the Halligen, small offshore islands, lying solitarily in the sea, for on stormy nights the "pearls" of the North Sea have their own special atmosphere. The wind rages round the cowering houses and the inhabitants' gaze strays anxiously toward the water. The Halligen are parts of the mudflats landscape and Hallig means "saline, low-lying land that is dry." Five Halligen – Langeness, Hooge, Oland, Gröde and Habel – are occupied all year round. Hamburger Hallig, Nordstrandischmoor, Südfall, Süderoog and Norderoog are only inhabited for part of the year – which the birds don't mind at all. For them, the "molehills" in the sea are an important sanctuary.

Der Leuchtturm von Westerhever ist ein Wahrzeichen Eiderstedts. Die Halbinsel, die aus drei ursprünglich vom Meer umschlossenen Inseln zusammengewachsen ist, war für die Schifffahrt lange Zeit ein gefährliches Terrain. Erst der Anfang des 20. Jahrhunderts erbaute Leuchtturm mit seinem weit draußen auf See noch erkennbaren Leuchtfeuer bannte die Gefahr. Heute tut der Leuchtturm immer noch Dienst – allerdings ist der letzte Turmwärter längst ausgezogen. Die Lichtsignale werden per Fernbedienung gesteuert.

Westerhever lighthouse is a landmark of Eiderstedt. For a long time this peninsula formed by what were originally three islands surrounded by sea was dangerous territory for shipping. Not until the lighthouse was built in the early twentieth century, its beacon visible far out to sea, was the danger eliminated. The lighthouse is still in service, though the last lighthouse-keeper moved out long ago. The beacon is controlled remotely.

Sie gelten als die „größ-
ten Bauernhäuser der
Welt" – und doch haben
nur wenige ihre Funktion
bis heute behalten. An-
nähernd 400 auf Warften
gelegene große Reetdach-
höfe auf Eiderstedt dien-
ten jahrhundertelang als
Wohnhaus, Scheune und
Stallung zugleich und
bargen unter ihrem riesi-
gen Dach das gedro-
schene Korn und das
Heu. Ein Vierkantgerüst
trug das mächtige Dach,
das sich wie ein Helm
über das Haus legte.
Heute sind die meisten
der knapp 100 erhalte-
nen Haubarge zu Wohn-
häusern umfunktioniert.
Geblieben ist ihre einzigartige Lage. Fast jeder
Haubarg steht erhöht auf
einer Warft, hat seinen
eigenen Wassergraben
und ist eingebunden in
das Entwässerungs- und
Sielsystem auf Eiderstedt.

They are said to be the
"biggest farmhouses
in the world," and yet
few have survived the
centuries as farmhouses.
For centuries, getting for
400 large thatched
houses built on raised
earth platforms served
residents of Eiderstedt as
combined dwelling, barn
and stables, with the
threshed corn and hay
being stored under their
gigantic roofs. Each roof
that covered the house
like a helmet was
supported by a square
frame. Nowadays most
of the 100 or so sur-
vivors have been turned
into homes. What has
remained is their unique
location. Almost every
Haubarg is built on a
raised earth platform,
has its own moat and is
integrated into the
Eiderstedt drainage and
sewerage system.

Holländische Grachten in Nordfriesland? Friedrichstadt ist voll davon, denn die an Eider und Treene gelegene kleine Stadt wurde im 17. Jahrhundert von niederländischen Religionsflüchtlingen erbaut – ganz nach dem Vorbild heimischer Ortsanlagen. Der Marktplatz mit seinen prachtvollen Häusern beherbergt eine ganze Galerie eindrucksvoller Treppengiebel-Fassaden, und durch die schachbrettartige Anlage der Stadt ziehen sich die Wasserläufe wie Lebensadern. Rechts und links an den Ufern verlaufen die Straßen, doch die an den Stegen schaukelnden Boote zeigen, dass man hier dem Wasserweg nach Möglichkeit den Vorzug gibt.

Dutch canals in North Frisia? Friedrichstadt is full of them, for the small town on the Eider and Treene was built in the seventeenth century by Dutch refugees from religious persecution – exactly on the model of Dutch towns. The market square with its fine houses has a whole gallery of impressive staircase-gabled facades, and the waterways run like arteries through the town's chessboard layout. There are roads to the right and left of the canals, but the boats bobbing up and down by the jetties show that as far as possible water transport has priority here.

Zu Gast in Noldes Haus und Garten: Auf einer Warft in Seebüll nahe der dänischen Grenze hat der Maler Emil Nolde in den 1920er Jahren sein Atelier-Haus errichtet. Seine ganz besondere Vorliebe gehörte dem Garten – ihn hat er nach allen Regeln nordischer Blütenpracht komponiert und angelegt. Seine zahlreichen Blumen-Aquarelle sind ein Zeugnis dieser Leidenschaft. Heute dient das ehemalige Wohnhaus des Malers als Museum, nachdem die Nolde-Stiftung die ganze Anlage zur Betreuung übernommen hat. Immer wieder variierende Gemäldeausstellungen der Werke Noldes machen den Besuch zum Kunst-Erlebnis.

A visit to Nolde's house and garden: the painter Emil Nolde built his home and studio in the 1920s on a raised earth platform in Seebüll not far from the Danish border. He was particularly attached to his garden, which he designed and planted with masses of Scandinavian flowers. His numerous watercolours of flowers are testimony to this passion. Today the artist's former home is a museum and the whole complex is run by the Nolde Foundation. Ever-changing exhibitions of Nolde's work make a visit an artistic experience.

# Dithmarschen

Von Brunsbüttel an der Elbmündung bis zur Nordspitze von Sylt erstreckt sich der Nationalpark Schleswig-Holsteinisches Wattenmeer, der seit dem 26. Juni 2009 zusammen mit anderen deutschen und niederländischen Wattenmeergebieten Weltnaturerbe der UNESCO ist. Wie hier bei Trischen kann man zu allen Tageszeiten andere Stimmungen erleben.

The Schleswig-Holstein mudflats national park, designated since 26 June 2009 as a UNESCO world heritage site along with other German and Dutch mudflats in the North Sea, extends from Brunsbüttel in the Elbe estuary to the northern tip of Sylt. As here at Trischen, you can experience different moods at all times of day.

Wie frisch gefallener Schnee heben sich die Gänseherden von dem Grün der Koogwiesen ab, der Himmel steuert Wattewolken bei, und ein leichter Wind lässt das Wasser in den Flussläufen wie Silber glänzen: Ein Sommertag im Neufelder Koog gehört zu dem Reizvollsten, was Schleswig-Holstein zu bieten hat, obwohl – oder gerade weil – ihm jede Dramatik fehlt. Der 1404,75 Quadratkilometer große Landkreis Dithmarschen, in dem heute 135 000 Menschen leben – also knapp hundert auf einem Quadratkilometer – erinnert überall daran, dass hier einmal das Meer zu Hause war. Nahezu die Hälfte des Dithmarscher Landes wurde durch Eindeichung gewonnen, und nur der schmale Geestgürtel mit seinen eiszeitlichen Geröllschichten war bereits in der Jungsteinzeit bewohnt.

Dithmarschen, heute wie eine Insel fast vollkommen von Wasser eingeschlossen, hat etwa um die Zeitenwende den ersten Angriff auf das Meer gewagt und den römischen Schriftsteller Plinius d. Ä. (23/24–79 n. Chr.) dadurch in Erstaunen versetzt. Die in der See aufragenden, von einzelnen Bauern bewohnten Erdhügel kamen dem mediterranen Reisenden wie Behausungen Schiffbrüchiger vor. Erst im 11. Jahrhundert wurden diese Wurten untereinander mit einem einfachen Seedeich verbunden, und damit wurde der Grundstein gelegt für eine bis heute andauernde Wohlhabenheit. Denn der fruchtbare, aus Meeresablagerungen bestehende Boden bescherte den Bauern bald ein Selbstbewusstsein, das für die Entwicklung in Deutschlands halsstarrigster Bauernrepublik prägend war.

„Ditmarsen, dat schölen Buren sin? Et mögen wohl wesen Herren", steht gleichsam über dem Lundener Geschlechterfriedhof, auf dem viele Mitglieder der Dithmarscher Bauernfamilien unter kunstvoll gestalteten Sandsteinplatten in einer Privatgruft begraben sind. Der um 1700 angelegte „Sulemannenkeller" zeigt mit 22 Quadratmeter Grundfläche eindrucksvoll, wie man sich in einer reichen Bauernfamilie eine standesgemäße letzte Ruhestätte vorstellte.

## Sieg über die „Schwarze Garde"

Schon früh hatte man sich im heutigen Dithmarschen zu Gemeinschaften, den sogenannten Geschlechtern, zusammengeschlossen, in denen jeweils mehrere Familien vertreten waren. Gemeinsam kultivierte man das Land, stritt sich kräftig und blutrünstig mit anderen Geschlechtern und pflegte seine Eigenart. Einen Adelsstand gab es seit dem Ende des 13. Jahrhunderts in Dithmarschen nicht mehr, und so übernahmen die in der Landesversammlung zusammengeschlossenen „Regenten" nach und nach das politische Geschäft. 1447 wurde das Kollegium der 48 Richter und Ratgeber gebildet, deren wöchentlicher Tagungsort ein großer, „uppe de Heide" abgesteckter Platz war, auf dem auch eine Kapelle stand. Ein Platz, der heute als Mittelpunkt der Kreisstadt Heide der größte unbebaute Marktplatz Deutschlands ist.

Natürlich gefiel der Status eines Freistaates dem dänischen König Christian I. nicht, als ihm die fruchtbare Region 1474 vom deutschen Kaiser Friedrich III. zum Lehen gegeben wurde. Ein Vierteljahrhundert später zog Christians Nachfolger Johann siegessicher mit den 12 000 Mann seiner gefürchteten Schwarzen Garde in das Land. Mit dem Schlachtruf „Wahr de Gaard, de Bur de kummt" gingen die Dithmarscher, angeführt von Wulf Hildebrand und motiviert von einer die Fahne tragenden Bauerntochter – einer Jeanne d'Arc der Nordseeküste – in den Kampf und entschieden, obwohl nur 6000 Mann stark und mit wenig mehr als Sensen und Mistgabeln ausgerüstet, am 17. Februar 1500 bei Hemmingstedt die Schlacht gegen die Dänen für sich. Der aufgeweichte Kleiboden, in dem die Pferde, Fuhrwerke und Fußtruppen des Gegners steckenblieben, war ein wichtiger Kampfgenosse. Zudem durchstachen die Dithmarscher einzelne Deiche und fluteten das Land, sodass viele der Angreifer ertranken. Erst 59 Jahre später sollte ein erneuter Vorstoß der Dänen Erfolg haben. In der „Letzten Fehde" verloren die Dithmarscher ihre Eigenständigkeit und mussten noch auf dem freien Felde den Treueid an die Fürsten leisten. Das Land wurde drei-, dann zweigeteilt und erst 1970 wieder vereinigt. Geblieben sind den Dithmarschern ihr unbändiger Freiheitswillen und der nicht endende Kampf gegen das Meer.

Der Lundener Geschlechterfriedhof ist ein ganz besonderer Gottesacker, denn hier sind die reichen und vornehmen Mitglieder der Dithmarscher Bauernfamilien beigesetzt. Mit 13 Grabkellern und 66 reich verzierten Sandsteinstelen und -platten ist der Lundener Friedhof ein bedeutendes Erbe des 16. und 17. Jahrhunderts.

The Lunden Family Cemetery is a very special place; the wealthy, high-ranking members of Dithmarschen's farming families are buried there. With 13 burial vaults and 66 ornate sandstone gravestones and slabs, Lunden Cemetery is an important legacy of the sixteenth and seventeenth centuries.

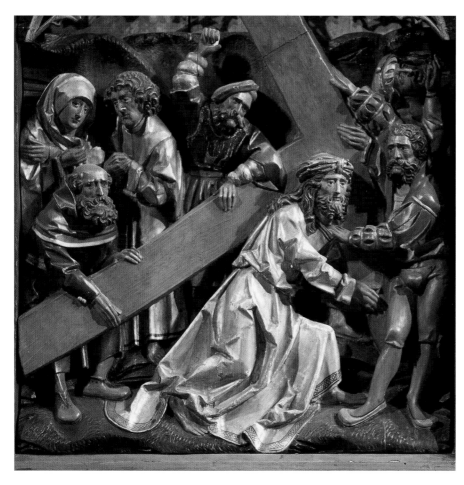

Die Köge mit ihrem schachbrettartigen Entwässerungssystem und dem eigentümlich hellen Licht sind die großen grünen Gärten des Landes, in denen sich das Auge endlos verliert. Doch auch die in wahren „Jugendstilfarben" von Smaragd bis Violett schimmernden Kohlfelder steuern etwas bei, was man in dem landschaftlich so vielseitigen Schleswig-Holstein häufiger findet, eine grafische Vollkommenheit, die sich mit landwirtschaftlicher Üppigkeit paart. Wege ziehen sich durch die Felder, die nur selten von ein paar Bäumen und Büschen gesäumt sind, und führen schnurgerade auf Dörfer zu, in denen Kirchen und Gasthäuser den Mittelpunkt bilden. Besonders reizvolle Gaststätten liegen in Dithmarschen oft auf dem Deich.

## Der Dom der Dithmarscher

Neben solchen „Ankerplätzen" sind es vor allem die Städte, die als urbane Inseln in der weiten Landschaft angesteuert werden. Die Städte sind in Dithmarschen nicht nur wirtschaftliche, verwaltungstechnische und religiöse Zentren, sie sind auch überaus gesellige Treffpunkte, in denen man es geruhsam angehen lässt – selbst wenn man wie in Meldorf immerhin einen „Dom" als alles beherrschenden Mittelpunkt hat.

Meldorf, die einzige mittelalterliche Stadt Dithmarschens, hatte bereits in karolingischer Zeit ein Gotteshaus, und wie mächtig die Stadt bereits im 13. Jahrhundert war, zeigt die 1250 begonnene St.-Johannis-Kirche. Die kreuzförmige, gewölbte Backsteinbasilika, die ihre besondere Wirkung durch das zweifarbige Mauerwerk erzielt, trägt unge-achtet der Tatsache, dass sie niemals eine Bischofskirche war, mit backsteinroter Grandezza den Titel „Dom". Als „schönste gotische Kirche zwischen Hamburg und dem dänischen Ribe" besitzt sie ja ohnehin ein Privileg.

Auch als Museumsstadt hat sich Meldorf profiliert, denn bereits im Jahr 1872 wurde hier das Landesmuseum als das älteste und größte Dithmarscher Museum erbaut, in dem Exponate aus der großen Zeit der Bauernrepublik, darunter auch die im Jahr 1568 eingerichtete Stube des Marcus Swin, der sogenannte Swinsche Pesel, gezeigt werden. Der Herr Swin war ein Dithmarscher von bestem Schrot und Korn, denn auf die Frage, warum er sowohl ein Ritterwams als auch eine bäuerlich weite Leinenhose trage, sprach er den bezeichnenden Satz: „Das Wams trage ich als einer der Landesherren, die Hosen aber trage ich als freier Bauer." Ein historischer Bauernhof, der dem Landwirtschaftsmuseum angeschlossen ist, zeigt, wie der Alltag noch im 19. Jahrhundert in Dithmarschen aussah.

Der „Dom der Dithmarscher" wird die majestätische St.-Johannis-Kirche in Meldorf genannt. Sie wurde im wesentlichen in der zweiten Hälfte des 13. Jahrhunderts im heimischen Backstein erbaut. Der Schnitzaltar stammt aus der ersten Hälfte des 16. Jahrhunderts und zeigt eindrucksvolle Kreuzigungsszenen.

The majestic St John's Church in Meldorf is known as the "Dithmarscheners' Cathedral." It was largely built in the second half of the thirteenth century from local brick. The carved altar dates from the first half of the sixteenth century and portrays impressive scenes of the Crucifixion.

Warum sollen denn nur die Bayern ihre Trachtenauftritte haben! Bei dem alle zwei Jahre stattfindenden „Heider Marktfrieden" zeigen die Dithmarscher, dass es sich auch im hohen Norden bestens unter freiem Himmel tanzen lässt. Malerische Trachten sorgen für ein stimmungsvolles Bild, wenn auf Deutschlands größtem Versammlungsplatz ein riesiger historischer Jahrmarkt das alte Treiben für ein paar Tage zurückholt.

Why should only the Bavarians wear traditional costumes? At the biennial festival held to commemorate the granting of market rights to the town of Heide, the people of Dithmarschen show that open-air dancing can be enjoyed even in the far north. Picturesque costumes make for a scene full of atmosphere when a historic fair brings back the old hustle and bustle to Germany's largest assembly ground for a few days.

## Vom Heider Marktfrieden

Und Heide, die Kreisstadt mit dem leicht größenwahnsinnigen Marktplatz, auf dessen 4,7 Hektar man in früheren Zeiten auch gern mal einen unliebsamen Reformator verbrennen ließ? Ein wildes Treiben muss es gewesen sein, wenn hier die Bauernfamilien mit Gespannen und Dienerschaft anrückten, um beim großen Markttreiben dabei zu sein. Mit dem „Heider Marktfrieden", einem alle zwei Jahre stattfindenden mittelalterlichen Fest, holt man heute mit Gauklern und alten Handwerksständen, Jahrmarktsgeschrei und großen Umzügen die alte Zeit wenigstens für ein Wochenende zurück. Geradezu intim wirkt dagegen die St.-Jürgen-Kapelle, deren schön geschnitzte Kanzel eine plattdeutsche Inschrift trägt.

Dass Heide heute eine Hochburg der niederdeutschen Sprache ist, liegt vor allem an dem Dichter Klaus Groth (1819–1899), dessen Geburtshaus in der Straße „Lüttenheid" besichtigt werden kann. In Gedichten und Novellen hat er immer wieder die Zeit seiner Kindheit, sein „Jungsparadies", heraufbeschworen und mit seiner Sammlung „Quickborn" die niederdeutsche Sprache literaturfähig gemacht. Sprachgewalt und musikalische Größe: Auch das Stammhaus der Familie Brahms wird in Heide in Ehren gehalten. Denn wenn der große Spätromantiker auch in Hamburg geboren ist, so gehört er nach Meinung vieler Musikliebhaber eigentlich nach Schleswig-Holstein, wo seine Eltern vor seiner Geburt gelebt hatten. Ein Zufall nur, meinen sie, dass er nicht in Heide zur Welt kam.

Ein echter Dithmarscher dagegen ist der Dramatiker Friedrich Hebbel, der als Sohn eines Maurers in Wesselburen das Licht der Welt erblickte. In der Stadt, deren beherrschendes Bauwerk die 1737 errichtete St.-Bartholomäus-Kirche mit ihrem süddeutsch anmutenden Zwiebelturm ist, verlebte er eine armselige Kindheit und konnte sich erst, nachdem er im Haus des reichen Kirchspielvogtes eine schlecht bezahlte Anstellung gefunden hatte, etwas Bildung aneignen. Die Kirchspielvogtei ist heute als Museum, aber auch als wissenschaftliches Archiv eingerichtet und zeigt unter anderem ein feudales Wiener Zimmer aus der Zeit, in der Hebbel in Österreich zu einem gewissen Wohlstand gelangt war. „Im Sommer weißer Kohl, im Winter brauner Kohl" –

so sah laut Hebbel der Speisezettel einer armen Dithmarscher Familie aus, vor dem er sich wohl auch davongemacht hat.

## Im Land des Kohls

Wesselburen und Marne haben lange darum gestritten, welche der beiden Städte denn nun Kohlhauptstadt sein sollte. Mit dem Sitz der Gemüsezuchtgesellschaft (GZG), die Saatgut und Jungpflanzen an die Landwirte liefert, verbuchte Marne dann einen entscheidenden Punktgewinn. 80 Millionen Kohlköpfe wachsen in Dithmarschen auf einer Fläche von 2800 Hektar, und das ist ein so ausgedehntes Terrain, dass der Landkreis das größte zusammenhängende Kohlanbaugebiet Europas ist.

Da man allerdings vom Ruhm allein nicht leben kann und der Kohl ja auch nicht gerade den Ruf von Kaviar hat – auch wenn er weitaus gesünder ist als dieser und vitaminreicher als Zitronen –, gründete man eben ein Kohl-Festival, das sechs Tage lang als „Oktoberfest des Nordens" gefeiert wird. Seit Mitte der 1980er Jahre gibt es die „Kohl-Tage" mit einer Fülle von Veranstaltungen – in Marne ebenso wie in Wesselburen, Büsum, Oldenwöhrden, Meldorf, Brunsbüttel und Friedrichskoog. Ja, und da es am Rhein die Weinkönigin gibt, hat man sich im Namen des Kohls gleich für zwei Herrscherinnen entschieden. Nur dass die Kohl-Schönheiten hier, wo man ja niemals den Adel geduldet hat, nicht den

Titel einer „Königin" tragen, sondern als „Regentinnen" das Zepter schwingen. Für die Feinheiten der heimischen Küche spielt das aber keine Rolle: Unter nicht weniger als 90 Gerichten kann man wählen, wenn Dithmarschen herbstlich aufkocht, und da erinnert man sich dann daran, dass berühmte Köche ihren Hummer heute ja auch am liebsten auf Wirsing betten.

Im Übrigen ist die Arbeit mit den mindestens vier Kilogramm schweren Kohlköpfen ein hartes Geschäft, denn immer noch müssen vom Pflanzen bis zur Ernte die meisten Arbeiten von Hand erledigt werden.

Von Hand gemischt wird in Marne auch immer noch, wenn sich der Skatbund zum Duell trifft. In dem 1870 gegründeten Verein geht es bis heute äußerst gesellig zu. Im „Heimatmuseum Marner Skat-Klub", das viel Heimat-

Ein weiß gestrichener Zaun rahmt ein schlichtes, aber einladendes Haus in Heide ein. Hier auf der Lüttenheid wurde der Dichter Klaus Groth im Jahr 1819 als Sohn „uralt freier Dithmarscher Bauern" geboren. Heute ist dort das Klaus-Groth-Museum untergebracht. Mit der Gedichtsammlung „Quickborn" hat Groth die niederdeutsche Sprache in die neuere Literatur eingeführt.

A white-painted fence surrounds a plain but inviting house in Heide. Here on the Lüttenheid, the poet Klaus Groth was born in 1819 to "ancient free Dithmarschen farmers." It now houses the Klaus Groth Museum. With his "Quickborn" collection of poems Groth introduced the Low German language into modern literature.

kundliches aus der Region zeigt, erfährt man dann, was alles so los war zwischen Kontra und Re, zwischen Bock und Ramsch. Marne wurde zwar bereits 1140 erstmals erwähnt, da es aber erst seit 1891 das Stadtrecht besitzt, stammen viele Bauten wie der Neubau der Kirche aus dieser Aufbruchszeit.

Noch später als Marne erhielt Brunsbüttel das Privileg, sich „Stadt" zu nennen. Dennoch besitzt der Ort mit dem Viertel rund um die Kirche einen der am

Weithin sichtbar ragt die Kirche von Wesselburen mit ihrem Zwiebelturm im flachen Land auf. Das Gotteshaus steht auf einer Warft und erhielt den barocken Turm nach einem Brand im Jahr 1736. Von dem Gottorfer Herzog kräftig unterstützt, fügte Johann Georg Schott der gotischen Kirche neben einem hoch ansteigenden achteckigen Walmdach auch dieses südliche Element hinzu.

Wesselburen church with its onion-shaped tower dominates the flat countryside for a long way around. The church is built on a raised mound and was given the Baroque tower after a fire in 1736. With strong support from the Duke of Gottorf, Johann Georg Schott added both this southern feature and a steep, octagonal hipped roof to the Gothic church.

besten erhaltenen barocken Marktplätze des Landes. Das prägende Bild allerdings bietet heute die Einfahrt in den Nord-Ostsee-Kanal. Geradezu devot fahren die großen Schiffe in Brunsbüttel in die künstliche Wasserstraße ein, da es hier für sie verdammt eng wird. Mit dem Anschluss an den Kanal hat sich die kleine Stadt an der Elbmündung einen Namen gemacht, den man in der ganzen Welt kennt. Um 1200 war der Flecken Brunsbüttel ebenfalls bei den Seeleuten bekannt, denn vor allem die Hamburger Kapitäne befürchteten seeräuberische Attacken, wenn sie auf dem breiten Elbstrom an Brunsbüttel vorbeifuhren.

## Auf der Jagd nach Krabben

Dithmarschens windumbrauste Strände liegen allerdings nicht hier an der Elbe, sondern weiter im Norden, wo sich eine der letzten Naturlandschaften Europas erstreckt.

Bereits 1985 hat das Land Schleswig-Holstein weite Teile des Wattenmeeres als Naturpark unter Schutz gestellt. Zusam-

men mit den Flächen in Niedersachsen und Holland ist der Nationalpark Wattenmeer seither der größte Nationalpark zwischen Nordkap und Sizilien. 2009 wurde er von der UNESCO dann auch noch als eines der größten küstennahen und gezeitenabhängigen Ökosysteme der Erde zum Weltnaturerbe ernannt.

Geradezu sensationell lesen sich die Zahlen. Für 10 000 Tier- und Pflanzenarten ist der Nationalpark mit der sich alle sechs Stunden abwechselnden Ebbe und Flut Lebensraum, sechs Millionen Vögel brüten hier und zehn Millionen Zugvögel nutzen das Wattenmeer als Raststation bei ihren Flügen. Daneben ist es Laichstätte für Fische, Muscheln, Krabben und Garnelen. Die blühenden Salzwiesen im Vorland haben eine einzigartige Vegetation. Dabei hat man den Menschen nicht vergessen. Denn wenn auch 30 Prozent der Flächen nicht mehr betreten werden dürfen, ist für den Rest eine eingeschränkte Nutzung erlaubt.

Denn natürlich haben die an der Küste ansässigen Fischer nicht den Beruf gewechselt. Mit wehenden Wimpeln und

bunt gestrichenen Booten stechen die Friedrichskooger nahezu täglich in See. In dem malerischen Hafen hat man sich dem „Gold der Nordsee" verschrieben: Hier liegt die größte Krabbenkutterflotte an der schleswig-holsteinischen Küste.

Die Krabben, die eigentlich Garnelen sind und zur Familie der Zehnfußkrebse gehören, zeichnen sich durch einen markanten Eigengeschmack aus. Über 100 Kutter fahren an der Nordseeküste zwischen Friedrichskoog und Hörnum noch auf das Meer hinaus, um die Delikatesse mithilfe schwerer Schleppnetze an Bord

In der Brunsbütteler Schleuse lernen die großen Frachter Geduld, denn jetzt heißt es, den Unterschied zwischen Elbe und Nord-Ostsee-Kanal auszugleichen. Brunsbüttel profitiert von der Lage am Schnittpunkt der beiden wichtigen Wasserstraßen.

Large freight vessels learn patience in Brunsbüttel Lock, for the difference between the Elbe and the Kiel Canal has to be levelled out. Brunsbüttel profits from its location at the intersection of these two major waterways.

zu hieven. Das geschieht nachts oder in den frühen Morgenstunden, da die am Tag im Sand vergrabenen Krabben erst in der Dunkelheit zur Nahrungssuche aufbrechen. Noch an Bord werden sie in Salzwasser gekocht und nehmen dabei die rötliche Farbe an, die bei Feinschmeckern so überaus begehrt ist. Frischer als in einem Nordseehafen schmecken die Krabben nirgends. Vor allem für Familien mit Kindern ist aber auch der Besuch in der Robbenaufzuchtanstalt in Friedrichskoog ein Muss, wo Seehundbabys mit der Flasche gefüttert werden. Auch Büsum besitzt eine Kutterflotte, doch hat man sich in dem einstigen Fischerdorf, das bereits 1837 zum Seebad ernannt wurde, mehr dem Badeleben zugewandt.

Ganz und gar nicht fröhlich ging es in Büsum in der Nacht des 16./17. Februar 1962 zu. Die schwerste Sturmflut seit 1823 bedrohte die Küste und meterhohe Wellen rannten beim heulenden Orkan mit 160 Stundenkilometern auf das Ufer zu. Zwar blieb die ganz große Katastrophe aus. Der Neubeginn aber stand unter dem Zeichen des erlebten Schocks. Seit

April 2006 besitzt das Traditionsbad deshalb auch ein Sturmflutmuseum, das den Namen „Blanker Hans" trägt. Dem Schreckgespenst aller Küstenbewohner begegnet man in dem Erlebnis-Center auf besondere Art. Denn während der Besucher sich in der höher gelegenen nachgestellten Dorfschänke „Zum Deichgrafen" scheinbar in Sicherheit wiegt, steigt das Wasser immer höher. In einer Rettungskapsel entkommt er schließlich dem Inferno und erlebt dabei die ganze Wucht einer Sturmflutnacht mit. Sieben Millionen Euro hat die Büsumer Sturmflutwelt gekostet, die anschaulich über das Meer, seine Gefahren, aber auch seine Schutzbedürftigkeit informiert.

Von Büsum aus starten auch die Schiffe nach Helgoland, dessen Roter Felsen Jahr für Jahr mehr Besucher anzieht. Die weit draußen in der Deutschen Bucht gelegene Insel entführt in eine andere Welt und gehört doch als Teil des Landkreises Pinneberg zu Schleswig-Holstein.

Der Leuchtturm von Büsum ist das bekannteste Leuchtfeuer Dithmarschens. Mit seinem stählernen Umlauf dient der aus Gusseisen 1912/13 am Deich errichtete spitzhütige Turm den Fischern auf See als Wegweiser, wenn sie den schützenden Hafen ansteuern. Das Blinkfeuer ist aber so weit zu sehen, dass es auch den Großfrachtern bei der Einfahrt in die Elbmündung als Orientierungspunkt dient.

The lighthouse of Büsum is Dithmarschen's best-known beacon. Built in 1912/13, the cast-iron tower on the dyke with its steel walkway and pointed cap is a signpost for fishermen out at sea as they head for the shelter of port. However, the flashing light is visible from such a great distance that it is also serves as a marker to large freight vessels as they enter the mouth of the Elbe.

Das Wattenmeer ist eine der letzten Naturlandschaften Europas. Zweimal am Tag kommt die Flut, und zweimal am Tag fällt der Meeresboden trocken, der dann Speisekammer unzähliger Lebewesen ist. Bis zu 1,3 Millionen Vögel brüten oder rasten in dieser amphibischen Landschaft, von der seit der Verabschiedung des Nationalparkgesetzes 1985 etwa 30 Prozent nicht mehr betreten werden dürfen. Das Wattwandern vor den weiten Stränden Dithmarschens und Nordfrieslands ist aber nach wie vor erlaubt und gilt als eine der erholsamsten Urlaubsbeschäftigungen überhaupt.

The North Sea mudflats are one of Europe's last natural landscapes. Twice a day the tide comes in and twice, as it goes out, the mudflats run dry, opening up a source of food for countless creatures. Up to 1.3 million birds breed or stop over in this amphibian environment to about 30 per cent of which access was restricted by the terms of the 1985 National Park Act. But walking across the mudflats from the wide beaches of Dithmarschen and Nordfriesland is still permitted and is, indeed, considered to be one of the healthiest recreational activities around.

Büsum und das Watt gehören einfach zusammen, und schon in der Zeit, als man noch züchtige Badekostüme trug, hat man hier mit dem „Wattenlaufen" geworben. Wie ein großes Waschbrett breitet sich das Riffelwatt vor der Küste aus und lädt mit immer neuen Farbspielen und einer überaus gesunden Luft zum Wandern auf dem Meeresboden ein. Das Watt ist einer der reichsten und üppigsten Lebensräume im ganzen Meeresbereich. Hier liegen die Aufzuchtplätze vieler Meerestiere und Fische, aber auch für die Seevögel ist der Tisch reich gedeckt.

Büsum and the mudflats just belong together, and even back in the days when people wore modest bathing-costumes the town was advertising walks across the mudflats. The rippled offshore mudflats spread out like a giant washboard, their changing plays of colour and bracing air an enticing ambience for walks on the sea-bed. The flats are one of the richest and most luxuriant habitats in the whole of the sea, providing breding grounds for many marine animals and fish, as well as a source of plentiful food for seabirds.

Trachtenfeste zählen in
Dithmarschen fast schon
wieder zum Alltag. Eines
der legendären Feste
erinnert an den großen
Mut der Dithmarscher
Bäuerinnen: Weil die
Frauen einst mit Pfannen
und Töpfen rabiate Räu-
ber in die Flucht schlu-
gen, feiern sie noch heute
in Nordhastedt einen
Ball. Einheimische
Tracht gehört dabei zur
Festausstattung.

In Dithmarschen, cos-
tume festivals are almost
an everyday occurrence.
One legendary occasion
recalls the great courage
of the Dithmarschen
farmers' wives – the ball
held in Nordhastedt to
commemorate the occa-
sion when the women
beat frying-pans and
saucepans to frighten
away cut-throat robbers.
Traditional costume is
part of the occasion.

Friedrichskoog ist das
Zentrum des Krabben-
fangs – da warten die
Touristen schon einmal
sehnsüchtig auf die
Rückkehr der maleri-
schen Boote. Die Möwen
holen sich dagegen ihren
Anteil gleich auf See,
wenn die Fischer kleine
Meerestiere oder andere
nicht zu verwertende
Teile des Fangs ins Meer
zurückwerfen. Etwa
100 Kutter haben heute
noch an der Westküste
ihren Heimathafen. In
Friedrichskoog starten
die Dithmarscher zur
Freude der Touristen ein-
mal im Jahr zu einer
bunt geschmückten Kut-
terparade.

Friedrichskoog is the
shrimping centre, and
tourists can be seen wait-
ing longingly for the
return of the picturesque
shrimp-boats. The sea-
gulls, in contrast, take
their share of the catch
out at sea when the
fisherman throw back
into the water small
marine animals or other
parts of the catch for
which they have no use.
Around 100 cutters still
have their home port
along the west coast.
Once a year, to the
delight of tourists, the
people of Dithmarschen
start out from Friedrichskoog on a colourful cut-
ter parade.

Harmonie in grün und blau. Wie hier bei Friedrichskoog steht man in vielen Teilen Dithmarschens auf einem Terrain, das einst dem Meer gehört hat. Durch Landgewinnung wurde das fruchtbare Land der Nordsee abgerungen, und heute ist es vor allem Viehzucht, die auf den weiten Koogwiesen betrieben wird. Wasserläufe stellen die Verbindung zum Meer her und dienen dem Himmel als Spiegel.

Harmony in green and blue. As in many parts of Dithmarschen, here in Friedrichskoog you are standing on terrain that was once part of the sea. The fertile North Sea countryside was won by land reclamation. Nowadays the broad polder meadows are mainly used for cattle-farming. Waterways form a link with the sea and serve the sky as a mirror.

190

# Die Elbmarschen

Wiesen, Felder und ein breit ausladender Hof – an der Pinnau scheint immer Sonntag zu sein: kein Lärm, keine Hektik, sondern eine Gelassenheit, wie sie für die Elbmarschen typisch ist.

Meadows, fields and a sprawling farmstead: along the Pinnau every day seems like Sunday – no noise, no rushing about, but instead a calm that is typical of the Elbe marshes.

Erlkönig-Stimmung gefällig mit zerborstenen Weiden, Nebelschwaden und Vogelgeschrei? Wenn die Hamburger die glänzende Alster und die gezähmte Elbe satt haben und Himmel sehen wollen, endlos bis zum Horizont, dann fahren sie in die Wedeler und Haseldorfer Marsch. Priele, Gräben, feuchte Wiesen, Büsche, Gatter und ein umgefallener Baum: Der Zeichner Horst Janssen hat die einzelnen Elemente dieser sperrigen Region immer wieder gemalt und genau jene Szenerien bevorzugt, die auf den ersten Blick unspektakulär erscheinen.

Unter allen Landschaften Schleswig-Holsteins gelten die Elbmarschen immer noch als Geheimtipp, denen die Abseitslage eine Menge Trubel erspart hat. Nur wenige Ausflugslokale – wie an der Hetlinger Schanze, in Fährmannssand, Haseldorf oder in Hohenhorst – bewirten die Spaziergänger, und jede Form von lautem Entertainment ist verpönt.

Jede Jahreszeit hat in der Marsch ihre speziellen Reize, und doch ist die Zeit, wenn es nach frischer Erde riecht und die Deiche von Hunderten von Lämmern bevölkert sind, am schönsten. Sanftere Farben gibt es nicht noch einmal im Jahr.

## Prachtvoller Roland in Wedel

Zwar hat das an die Hansestadt angrenzende Wedel wirtschaftlich von Hamburg profitiert, wie man nicht zuletzt am modernen Jachthafen mit seinen Millionenschiffen ablesen kann, dennoch wird in der holsteinischen Kleinstadt an alten Bräuchen festgehalten. Einmal im Jahr findet hier der Ochsenmarkt statt, auf dem man – nach gründlicher Prüfung, versteht sich – immer noch einen Prachtbullen erstehen kann. Wedels Wohlstand kam jahrhundertelang auf schweren Hufen daher, denn hier, wo sich die beiden großen Ochsenwege trafen, wurden schon im 15. Jahrhundert die in Jütland und Dithmarschen fett gegrästen Herden verkauft und anschließend über die Elbe verschifft. Pro Jahr traten mehr als 30 000 Rinder brüllend und schiebend die Elbfahrt an.

Garant für die Marktfreiheit war eine um 1558 errichtete Rolandsfigur, die prachtvoll vergoldet einen grimmig blickenden Herrscher darstellt. Ob es

sich um eine späte Hommage an Karl den Großen handelt, konnte nie geklärt werden. Den 1870 in Wedel geborenen Bildhauer und Schriftsteller Ernst Barlach aber hat der Koloss sichtbar erschreckt. „Der Roland auf dem Markt in Wedel an der Unterelbe sieht sich nicht nach kleinen Buben um, nackenlos sitzt der steinerne Stolz eines Übergewichtes von Kopf zwischen den Schultern", schrieb er in seinen Lebenserinnerungen. Barlach, dessen Vater Arzt in Wedel war, verbrachte einen Teil seiner Kindheit in einem am Markt stehenden Haus, das heute Museum und Gedenkstätte ist. In Wedel hält man aber auch die Erinnerung an einen anderen Künstler wach: Der 1607 in Ottensen geborene Johann Rist war ein wortgewaltiger Wedeler Pfarrherr, dessen Gedichte sich heute allerdings reichlich schwülstig lesen.

## Haseldorf – ein Schloss in der Marsch

Die Marsch mit ihren wechselnden Naturschauspielen, ihrer so vielfältigen Flora und Fauna hat auch einen anderen Elbanrainer zum Dichten angeregt, wie man im nahen Haseldorf sehen kann. Denn hier hat Emil Prinz von Schönaich-Carolath (1852–1908) nicht nur selber zur Feder gegriffen und an Theodor Storm erinnernde Gedichte und Novellen verfasst. Er versammelte in seinem Herrenhaus auch viele Schriftsteller um sich, unter denen Rainer Maria Rilke, der Verfasser der „Aufzeichnungen des

Malte Laurids Brigge", der prominenteste war. Teile dieses Romans lässt er in einem Herrenhaus spielen, für das Haseldorf als Vorbild diente.

Rilke war vor allem vom Schlosspark fasziniert, wie ein Brief an seine Frau Clara Westhoff zeigt: „Am schönsten sind die Wege am Burggraben", schrieb er, „da stehen jetzt die alten Kastanien, aufgebaut wie Berge, mit Ästen bis zur Erde hin und mit einer ganzen Welt von Schatten unter den tausend Händen ihrer Blätter." Daran hat sich bis heute nichts geändert, und der Park, den man bis auf einen kleineren privaten Teil begehen kann, ist nicht allein zur Zeit der Rhododendron- oder Seerosenblüte einen Besuch wert. Besonders malerisch ist die Partie auch im Winter, wenn die Dorfjugend auf dem Burggraben Schlittschuh läuft.

Die gesamte Gutsanlage präsentiert sich mit der im 13. Jahrhundert erbauten romanischen Kirche St. Gabriel, dem

Das Haseldorfer Herrenhaus wurde von Christian Frederik Hansen, dem Meister des dänischen und norddeutschen Klassizismus, entworfen. Mit einem von altem Baumbestand besetzten Park erinnert es an die Zeit, als sich hier viele Dichter, darunter Rainer Maria Rilke und Detlev von Liliencron, vom „genius loci" inspirieren ließen.

Haseldorf Manor was designed by Christian Frederik Hansen, the master of Danish and North German Classicism. With a park surrounded by mature trees, it recalls the time when many poets, among them Rainer Maria Rilke and Detlev von Liliencron, gathered inspiration from the spirit of the place.

früheren Rendantenhaus, einem Mausoleum und dem 1804 von Christian Frederik Hansen erbauten klassizistischen Herrenhaus in großer Einheitlichkeit. Buntes Treiben findet am Sonntag auf den Höfen neben der Straße statt, wo man mit Bauernmärkten und Erdbeerfesten den Problemen in der Landwirtschaft zu begegnen versucht.

Denn Haseldorf ist auch ein Bauerndorf, und wer seine windgepeitschte Seite kennenlernen will, wandert über den Deich, der 1977 als mächtiger Schutzwall errichtet wurde. Bis zur Elbe reicht heute das Naturschutzgebiet „Haseldorfer Binnenelbe mit Elbvorland", das sich auf einer Länge von 15 Kilometern als eines der größten Naturschutzgebiete Schleswig-Holsteins von Wedel bis zum Pinnau-Sperrwerk erstreckt. Als Lebensraum für zahlreiche Kleinlebewesen stellen die Süßwasserwatten die Nahrungsgrundlage für Hunderttausende von

Zugvögeln dar. Nahe dem Haseldorfer Herrenhaus findet sich auch die größte Reiherkolonie Norddeutschlands. In luftiger Höhe haben sich die scheuen Vögel ihre Horste auf Pappeln und Eichen gebaut. Beschaulich geht es noch am alten Haseldorfer Hauptdeich zu, wo die oft reetgedeckten Häuser mit kleinen Gärten und der Wäscheleine vor der Tür akkurat aufgereiht sind.

Beinahe endlos kann man den alten Marschdeichen folgen, in deren Schutz eine rege Weidewirtschaft, aber auch Getreideanbau betrieben wird. Rund um Seestermühe breitet sich dann ein weitläufiges Obstanbaugebiet aus, das bis an Uetersen heranreicht. Auf dem adeligen Gut Seestermühe blieb eine 700 Meter lange Lindenallee als Teil eines die Welt einst in Erstaunen versetzenden Parks erhalten.

## Goethes Stiftsdame aus Uetersen

Uetersen preist sich ein bisschen augenzwinkernd als Goethestadt an, auch wenn der Geheimrat niemals hier gewe-

sen ist. Kein anderer Ort in Schleswig-Holstein war ihm allerdings so vertraut wie dieser, denn über viele Jahre unterhielt der Dichter der „Leiden des jungen Werther" einen geistreichen Briefwechsel mit Augusta Louise Gräfin zu Stolberg-Stolberg, die als Stiftsdame im Kloster Uetersen gelebt hat. Goethe und „Gustgen" haben einander zwar nie gesehen, die Briefe der beiden aber – sie nannte ihn „Wolf", und er sprach sie als „Engel"

Rosen werden rund um Uetersen und Elmshorn nicht nur überaus erfolgreich gezüchtet, sondern auch effektvoll in Szene gesetzt. Im Rosarium in Uetersen können nicht nur moderne, sondern auch nostalgische Rosensorten besichtigt werden. Der Sommer hat hier seine eigene Poesie.

Roses are not just successfully grown in the area around Uetersen and Elmshorn, but displayed to full effect. The Rosarium in Uetersen has both modern and traditional varieties on show. Summer has a poetry all its own.

oder „goldenes Kind" an – lesen sich wie ein kleiner Liebesroman. Auf Goethes besonderen Wunsch hat die junge Comtesse auch das Leben im Damenstift beschrieben, sodass man sich den Alltag in der Klosteranlage heute noch gut vorstellen kann.

Das architektonische Erbe blieb weitgehend erhalten: Um eine im Jahr 1748 errichtete spätbarocke Saalkirche, in der eine umlaufende Fräulein-Empore von eleganten Damen in Spitzenkleidern erzählt, gruppieren sich die einzelnen Stiftsgebäude, darunter auch das Konventualinnenhaus, dessen mit geschnitzten Rosenranken verzierte Haustür den bei den „Frolleins" hoch entwickelten Sinn für Schönheit dokumentiert. Als „adeliges Jungfrauenkloster" nahm die noble, aus einem Zisterzienserinnenkloster hervorgegangene Wohngemeinschaft nach der Reformation die unverheirateten oder verwitweten weiblichen Mitglieder der adeligen Familien auf, die hier ein lebenslanges Auskommen hatten. Wie die Anlagen in Itzehoe, Preetz und St. Johannis in Schleswig befindet sich auch das Damenstift in Uetersen immer noch im Besitz der Holsteinischen Ritterschaft.

Aber auch das moderne Uetersen hat sich mit einem sieben Hektar großen Rosarium ein charmantes Denkmal gesetzt. Auf einer rund um einen See angelegten Pflanzfläche werden etwa 800 Sorten gezeigt, darunter auch 200 historische Rosen. Die Anlage des kleinen Parks erfolgte im Jahr 1932 auf Anregung der unter Rosenfreunden weithin bekannten Züchter Wilhelm Kordes aus Sparrieshoop bei Elmshorn und Mathias Tantau aus Uetersen, denen hervorragende Züchtungen gelungen waren. Die bei Kordes gezüchtete Rose „Crimson Glory" gilt als die „duftendste Rose der Welt".

Bereits im 18. Jahrhundert hatte sich der Hamburger Kaufmann Caspar von Voght als Wegbereiter des natürlichen Gartens für die Einrichtung von Baum- und Rosenschulen im Hinterland der Elbe eingesetzt. Heute erstreckt sich rund um Pinneberg und Rellingen nicht nur das größte zusammenhängende

Baumschulgebiet der Welt. Auch die Rosenzüchter haben den „Auftrag" Voghts erfüllt und diesen Teil Schleswig-Holsteins zu einem der berühmtesten Rosenanbaugebiete Europas gemacht.

## Reges Eigenleben vor Hamburgs Toren

Die Entwicklung Pinnebergs, das sich erst seit 1875 „Stadt" nennen darf, wird bisweilen noch betrauert von denen, die es noch als Luftkurort erlebt haben. Bis zum Zweiten Weltkrieg zogen die Ham-

Die 1754 bis 1756 erbaute Kirche von Rellingen gehört zu den bedeutendsten und reizvollsten Baudenkmälern in Schleswig-Holstein. Eine Lithografie aus dem Jahr 1850 zeigt den besonderen Charakter dieses achteckigen Gotteshauses.

Rellingen church, built between 1754 and 1756, is one of Schleswig-Holstein's most important and most pleasing architectural monuments. An 1850 lithograph shows the special character of the octagonal church.

Richtung Elbmündung Pferde grasen. Fohlen jagen übermütig hinter ihren Müttern her, und immer wieder tauchen Ross und Reiter in einem der weitläufigen Wege auf.

## Glückstadt, der Königstraum

Glückstadt, die Schöne an der Unterelbe, lässt sich mit einer Tochter vergleichen, der man besonders viel Zuneigung zukommen ließ. Christian IV., König von Dänemark und Norwegen und Herzog von Schleswig und Holstein, hatte einen neuen Großhafen im Visier, als er den Ort im Jahr 1617 an der Mündung des Rhins in die Elbe als „Traum eines Königs" errichten ließ. Konkurrenz sollte „der Städte Meisterstück" den Pfeffersäcken an der Alster machen, daneben aber auch eine Art Kontrollpunkt sein für die Bistümer Bremen und Verden. „Geht es glücklich so fort", so des Monarchen nicht gerade bescheidene Vision, „wird Glückstadt eine Stadt und Hamburg ein Dorf." Es war die Zeit der Festungsbauten, und so wurde Glückstadt akkurat auf dem Reißbrett geplant: Vom sechseckigen Marktplatz gingen sternförmig zwölf Straßen ab, auf denen die wichtigsten Punkte der Verteidigungsanlagen erreicht werden konnten.

Im Jahr 1643 war Glückstadt bereits die zweitgrößte dänische Stadt, die auch viele niederländische Religionsflüchtlinge und reiche portugiesische Juden aufgenommen hatte. Das Ende kam mit den napoleonischen Kriegen. Gemäß dem Dresdner Vertrag zwischen Frankreich und Dänemark kämpfte die Festung Glückstadt eine Zeit lang gegen die vereinigten Truppen von Preußen, Schweden, Russland und England, ehe sie am 5. Januar 1814 kapitulieren musste. In den folgenden zwei Jahren wurde sie geschleift. Glückstadt blieb aber weiterhin dänisch und fiel erst 1867 nach knapp 250 Jahren unter Kopenhagener Herrschaft an Preußen.

Die Dänen-Zeit hat viele Spuren hinterlassen, und vor allem die stattlichen Adelspalais halten den Residenzcharakter wach. Glückstadts schönster Saal unter freiem Himmel aber ist der Marktplatz, dem die hoch aufragende Kirche mit Fortuna und Königskrone auf dem Turm, aber auch die barocken und klassizistischen Häuser etwas überaus Vor-

burger mit Butterstulle und Lust auf Wald und Wasser an die Pinnau, saßen hier in den vielen Gartenwirtschaften und erfreuten sich an der guten Luft. Die ist dem vorwiegend von Kleinindustrie geprägten Pinneberg zwar erhalten geblieben, ansonsten aber wandte sich die Stadt mit 42 000 Einwohnern konsequent der Moderne und dem Fortschritt zu, und vor allem das Viertel rund um die im Rokokostil erbaute Drostei als früherem Sitz des obersten dänischen Verwaltungsbeamten hält die Erinnerung an Pinnebergs Vergangenheit wach. Bis 1720 hatte die Stadt auch ein Schauenburger Schloss, das ein Jahrhundert nachdem es im Dreißigjährigen Krieg schwer beschädigt worden war, abgebrochen werden musste. Heute überrascht Pinneberg immer wieder durch gastronomische Wundertaten einzelner Köche,

die sich in der Gemeinde vor den Toren Hamburgs weitaus wohler fühlen als in der Hansestadt.

Auch das nahe Rellingen grenzt sich gegen die Elb-Metropole ab und beharrt auf seinem beinahe dörflichen Charme. Einen besonderen Akkord setzt hier die Kirche, die eine der begehrtesten Spielstätten des Schleswig-Holstein Musik Festivals ist. Das achteckige Gotteshaus, 1754 vom Schleswiger Baumeister Caj Dose erbaut, schmiegt sich elegant an den wuchtigen romanischen Rundturm des Vorgängerbaus und begeistert mit einer überaus schwelgerischen Innenausstattung. Der von Emporen umzogene Saal wird beherrscht von einem Kanzelaltar, über dem sich auch noch eine Barockorgel wie ein jubelnder Akkord erhebt.

Dass sich auch Elmshorn eingereiht hat in die Spielorte des größten Musikfestivals Europas, überrascht nur auf den ersten Blick. Denn die Stadt, deren historischer Mittelpunkt die 600 Jahre alte Nikolaikirche ist, hat eine besondere Attraktion zu bieten. Bis zu 1000 Personen finden in der alten Reithalle Platz. Das Gelände der Reit- und Fahrschule wurde 1894 als eindrucksvolle Backsteinanlage vom Verband der Pferdezucht in den holsteinischen Marschen angelegt. Bis heute ist Elmshorn ein wichtiges Zentrum der Warmblut-Zucht, und das merkt man nicht nur in der Stadt selber: Überall auf den Weiden rundum sieht man bei der Weiterfahrt in

Das königliche Brückenhaus in Glückstadt steht für die vornehme Vergangenheit der Stadt. 1617 wurde die Festung Glückstadt von dem dänischen König Christian IV. gegründet. An der strategisch günstigen Einmündung des Rhins in die Elbe wollte Seine Majestät den Hamburgern ein bisschen das Wasser abgraben – was nicht so recht gelang. Als Hinterlassenschaft blieb eine überaus reizvolle Stadt zurück.

The royal bridge-house in Glückstadt is a symbol of the town's illustrious past. In 1617 Glückstadt Fort was founded by King Christian IV of Denmark. Here, at the strategically favourable spot where the Rhin flows into the Elbe, His Majesty wanted to deprive the Hamburgers of some of their livelihood. The plan never really came off, but it left behind a most delightful town.

nehmes geben. Voller Genugtuung stellt der Besucher fest, dass in vielen dieser Traditionsbauten stilvolle Restaurants untergebracht sind, in denen man – wie etwa im „Ratskeller" und im „Kleinen Heinrich" – aufs Beste bewirtet wird.

Eine Tradition pflegt man in Glückstadt mit besonderer Hingabe: Nach alter Sitte – schon immer wurden Heringe in der Stadt eingesalzen – schafft man die besten Matjes heran und bringt sie nach einer überaus zeitraubenden

Was braucht ein Segler mehr als einen Liegeplatz an einer solchen Uferpromenade! Der Glückstädter Hafen gehört zu den schönsten im Lande. Wer hier anlegt, besucht am Abend eine der gemütlichen Fischerkneipen oder eines der stilvollen Restaurants am Glückstädter Markt.

What more does a yachtsman want than a berth on a riverside promenade such as this? Glückstadt harbour is one of the most attractive in the state. Those who berth here spend the evening in one of the cosy fishermen's bars or one of the elegant restaurants on Glückstadt's market square.

Konservierungszeit während der „Glückstädter Matjeswochen" auf den Markt. Vor allem die Hafenmeile scheint bei diesem Volksfest dann wieder so stark belebt wie zu der Zeit, als Glückstadt einmal ein Zentrum der Grönlandfahrt war.

Die Hafenstraße mit ihren einst von Kapitänen und Kaufleuten bewohnten Häusern, die heute unter Denkmalschutz stehen, hat viele Bauten mit Tradition. Das Haus Nr. 40 allerdings, von dem nur noch ein Treppenturm steht, gewährt einen Einblick in die „chronique scandaleuse" der ehemals königlichen Stadt. Denn dieses einst so prachtvolle Domizil hatte Christian IV. der Holsteinerin Wibke Kruse vermacht, die er allen Damen von königlichem Geblüt vorzog.

Man hält es hier mit großen Namen, und so fährt die restaurierte „Rigmor" als Museumsschiff in die Elbe und in den Nord-Ostsee-Kanal, aber auch in die Hausflüsse der Elbmarschen, in die Pinnau, die Krückau und die Stör hinein, deren geruhsame Wasserläufe mit Kühen am Ufer und den auffliegenden Vogel-

schwärmen eine noch weitgehend intakte Bauernlandschaft durchfließen.

Einen Blick wirft man vom Elbdeich kurz hinter Glückstadt noch auf den hier immer breiter werdenden Strom, über den die Schiffe auf die Weltmeere hinausfahren. Luv und Lee, Ankommen und Abfahren, der Wind frischt auf, und die Wellen spritzen kabbelig am Ufer empor. Wer mitfahren will, ist längst an Bord. Wir aber bleiben und wenden uns dem sicheren Festland zu.

### Die Kremper und die Wilster Marsch

Die Kremper und die Wilster Marsch werden von der Stör getrennt, die bei Ivenfleth in die Elbe mündet. Wie viele andere Gegenden an der Westküste wurden die beiden Marschen im 12. Jahrhundert von Holländern besiedelt, denen die Ähnlichkeit mit ihrer eigenen Landschaft durchaus entgegenkam.

Im 16. und 17. Jahrhundert lief der Handel mit Getreide so gut, dass man sich so manchen Prachtbau leisten konnte. In Krempe beispielsweise zeugt das 1570 erbaute Renaissance-Rathaus mit seiner von Ziegelmustern aufgelockerten Backsteinfassade von dem hoch entwickelten Bürgerstolz. Mit der Verlandung der Kremper Au musste man sich dann allerdings mit bescheideneren Bedingungen vertraut machen, und erst als die von Friedrich Christian Heylmann entworfene klassizistische Kirche im Jahr 1832 vollendet war, kehrte etwas vom alten Glanz zurück.

Heute hat sich Krempe ein besonders schwungvolles Aushängeschild zugelegt,

denn in keinem anderen Ort des Landes wird die Kunst des Fahnenschwenkens mit einer solchen Perfektion beherrscht wie in Holsteins kleinster Stadt. Mit prachtvollen Würfen, etwa dem Zitronenschlag, hält man eine Tradition wach, die einst Teil von religiösen, zivilen oder militärischen Feierlichkeiten war. Wobei man in Krempe schon immer den zivilen vor den militärischen Festen den Vorrang gegeben hat.

Auch in der Wilster Marsch mit den reizvollen Orten Wewelsfleth, Brokdorf, St. Margarethen und Beidesfleth geht es eine Gangart langsamer zu, denn die beiden Marschen haben durch Jahrhunderte eine ähnliche Entwicklung durchgemacht. Wilster, 1163 erstmals erwähnt, profitierte im 16. und 17. Jahrhundert allerdings so sehr vom Getreidehandel, dass der Hafen der Störstadt häufiger angesteuert wurde als die meisten anderen Häfen in Norddeutschland. Wertvolle Baudenkmäler aus der Renaissance sind erhalten wie das 1585 erbaute Alte Rathaus, dessen Fassade denen süddeutscher Bauten in nichts nachsteht. Im gro-

Der Giebel des Rathauses in Krempe beeindruckt den Betrachter. Der Getreidehandel hatte die Bürger im 16. Jahrhundert so reich gemacht, dass sie sich dieses prachtvolle Gebäude leisten konnten. Noch immer tagt hier der Rat der Stadt.

The gable of Krempe town hall still impresses visitors. In the sixteenth century, the trade in grain had made the town's citizens so rich that they could afford this splendid building. Their heirs appreciated the gesture, and the town council still meets here.

Die Stör gehört zu den Flüssen, die hoffentlich – so meinen viele – nicht für den Massentourismus entdeckt werden. Das bei Neumünster entspringende Gewässer ist ab Itzehoe für kleinere Frachter schiffbar. Segler lieben die weite Wasserlandschaft und genießen wie hier bei Wewelsfleth die blauen Sommertage.

The Stör is one of the rivers which some people hope will never be discovered for mass tourism. The river, which rises near Neumünster, is navigable for small freight vessels from Itzehoe. Yachtsmen love the wide-open riverine scenery and, as here near Wewelsfleth, enjoy a clear summer's day.

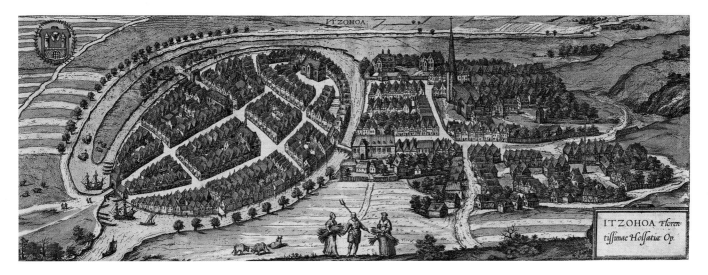

ßen Festsaal, in dem die Bibliothek untergebracht wurde, finden heute nicht selten Dichterlesungen statt. Großzügig von Linden umringt, ragt ein Stück weiter die spätbarocke Kirche auf, deren Innenausstattung an die Pracht von Schlossbauten erinnert.

Apropos Charme: In einem kleinen Palais befindet sich heute das Neue Rathaus der Stadt. Das Rokokointerieur mit seinen reich verzierten Decken und Wänden wurde vermutlich von Ernst Georg Sonnin geschaffen, der auch die Hamburger Michaeliskirche entworfen hat. Den Park, der sich einst um das reizvolle Bauwerk erstreckte, gibt es nicht mehr. Mit dem „Bürgermeistergarten" hat sich Wilster aber einen überaus eleganten kleinen Park bewahrt, der noch weitgehend die Anlage eines Barockgartens erkennen lässt.

### Itzehoe – Stützpunkt für die Franken

Doch Wilster, so angesehen es bei Kunstfreunden ist, tritt zurück hinter Itzehoe, der Kreisstadt des Landkreises Steinburg. Die 32 500-Einwohner-Stadt verfügt über eine vielfältige Wirtschaftsstruktur und dokumentiert mit einem neu erbauten, 800 Besucher fassenden Theater ihren Anspruch als Kulturmittelpunkt der Region.

Das Gebiet rund um Itzehoe war schon in der Steinzeit besiedelt, wie viele Funde bewiesen haben. Karl der Große errichtete hier einen ersten fränkischen Stützpunkt, als er das Land zu christianisieren versuchte. Doch erst als die Schauenburger Grafen um 1180 im heu-

tigen Itzehoe eine Burg bauen ließen, blühte die daraufhin gegründete Stadt schnell auf. Die Verleihung des Stapelrechts sorgte zusammen mit der Lage an der schiffbaren Stör für lebhaften Handel, zumal auch ein Zisterzienser-Nonnenkloster in den Stadtmauern tätig war. Ein Kupferstich von Braun und Hogenberg aus dem 16. Jahrhundert zeigt denn auch eine überaus wohlhabende Stadt.

Itzehoes Schicksalsstunde schlug im Dreißigjährigen Krieg (1618–1648), als Wallenstein von der Stör-Stadt aus Angriffe gegen die stark befestigte Breitenburg führte und so die Rache der Schweden heraufbeschwor. 1657 ließ der schwedische König Karl X. Gustav Itzehoe so gnadenlos beschießen, dass es nach verheerenden Bränden fast dem Erdboden gleich war und die Stadt heute, sieht man von den Resten eines Kreuzganges ab, kein Gebäude besitzt, das älter ist als 350 Jahre. Dennoch sind mit dem 1695 erbauten Rathaus, der 1716 begonnenen St.-Laurentii-Kirche, dem Ständehaus von 1834 und dem wiederaufgebauten Kloster sehenswerte Baudenkmäler vorhanden. Besonders idyllisch ist der an die Kirche grenzende Klosterhof. Der „Prinzesshof", ein prachtvolles kleines Palais, nahm das Heimatmuseum auf.

Eine weitere Blütezeit erlebte Itzehoe im 19. Jahrhundert, als die Gründerzeit der Stadt neuen Reichtum bescherte und viele Straßen mit vornehmen Villen besetzt wurden. Heute hat der Name Itzehoe noch einen ganz anderen, laut hämmernden Klang. Nur zehn Kilometer von der Stadt entfernt liegt der 2000-Einwohner-Ort Wacken, der im August

Austragungsort des größten Heavy-Metal-Festivals der Welt ist. Da strömen dann 75 000 Besucher zusammen und erleben ein legendäres musikalisches Spektakel mit den dröhnenden Auftritten von mehr als 100 Bands.

In der näheren Umgebung finden sich mit Breitenburg und Heiligenstedten zwei Herrenhäuser, deren Schicksal immer eng mit Itzehoe verbunden war. Während Heiligenstedten seinen prägenden Umbau unter den Grafen Blome im 18. und 19. Jahrhundert erhielt, war die Breitenburg durch Jahrhunderte mit dem Namen Rantzau verbunden. Bereits im 16. Jahrhundert war das Herrenhaus im Besitz der Rantzaus, und wenn es auch zeitweilig in andere Hände überging, so wird es doch noch heute, meisterhaft restauriert, wieder von der Familie bewohnt, die in der Geschichte des Landes eine wichtige Rolle gespielt hat.

Nein, so schnell verändert sich das Leben nicht zwischen den Meeren, und nicht zuletzt daraus bezieht Schleswig-Holstein mit all seinen Gegensätzen, seinen Kunstschätzen und seinen landschaftlichen Besonderheiten seinen Charme.

Der Kupferstich von Braun und Hogenberg zeigt Itzehoe, wie es 1588 ausgesehen hat. Dieses mittelalterliche Kleinod wurde 1657 von den Truppen des schwedischen Königs Karl X. Gustav vollständig zerstört. Der Wiederaufbau im späten 17. und 18. Jahrhundert hat dem Ort an der Stör ein völlig neues Stadtbild beschert.

This copper etching by Braun and Hogenberg shows Itzehoe as it looked in 1588. This jewel was completely destroyed in 1657 by the troops of King Carl X Gustav of Sweden. Reconstruction in the late seventeenth and eighteenth centuries gave the town on the Stör a completely new appearance.

Kein Baum ist so charakteristisch für die Elbmarschen wie die Weide. Malerisch verdreht schiebt sich auf dem Foto ein knorriger Stamm vor die sommerliche Landschaft und beherrscht eindeutig die Szenerie. Die Strohräder dahinter zeigen aber auch, dass man heute im Schatten des neuen Elbdeichs eine einträgliche Landwirtschaft betreibt. Die Zeiten, in denen die Elbe – zuletzt 1962 und 1976 – bei schweren Sturmfluten das Land überschwemmte, scheinen durch die Küstenschutzmaßnahmen vorbei zu sein. Der Obst- und Gemüseanbau prägt heute zusammen mit Ackerbau und Viehzucht das Bild. Weitgehend verschwunden ist allerdings der Beruf des Bandreißers: Überall in den Elbmarschen stellten die Menschen früher aus langen Weidengerten Körbe und Fassreifen her.

No tree is as typical of the Elbe marshes as the willow. Picturesquely twisted, the gnarled trunk in the picture pushes its way in front of the summery landscape, clearly dominating the scenery. However, the bales of straw behind it are a sign that nowadays profitable agricultural activity takes place in the shadow of the new Elbe dyke. The days when the Elbe used to flood the countryside when there were high storm tides – most recently in 1962 and 1976 – seem to belong to the past, thanks to the measures taken to protect the coast. Nowadays, along with agriculture and cattle-rearing, fruit- and vegetable-growing characterise the scene. One profession that has largely died out is basket-making. In former times, people all over the Elbe marshes used to make baskets and barrel-ties from long willow switches.

Die Pinnau gehört zu den Flüssen, die das Herz des Wassersportlers höher schlagen lassen. Vielfach sich windend, schlängelt sie sich durch die Seestermüher Marsch, bevor sie dann in die Elbe mündet. Von Wiesen und Feldern gesäumt, bietet sie an vielen Stellen romantische Liegeplätze an. Wer hier ankert, ist allein mit Wind und Wasser und genießt die noch weitgehend intakte Natur.

The Pinnau is one of those rivers that make the heart of a watersportsman beat faster. Twisting and turning, it winds its way through the Seestermühe marsh before flowing into the Elbe. Lined by meadows and fields, it provides many a romantic spot to berth. Anyone dropping anchor here is alone with the wind and the water and able to enjoy nature in a still largely untouched state.

Mitten in einer „eingedeichten Wildnis" hatte sich der dänische König Christian IV. im Jahr 1617 das Areal für eine neue Stadt abgesteckt und der Neugründung die Glücksgöttin Fortuna ins Wappen gegeben. Immerhin sollte Glückstadt dem mächtigen Hamburg Konkurrenz machen. Doch obwohl es dazu nicht kam, blieb die „Königsstadt" trotz mancher Kriegswirren ihrem Anspruch treu. Neben Hafenzeile und zwei stattlichen Palais ist es vor allem der Markt, der den herrschaftlichen Auftritt übt. Sternförmig gehen von hier die Straßen ab, während barocke und klassizistische Fassaden sich malerisch von historischen Straßenlaternen beleuchten lassen. In vielen Häusern am Markt sind stimmungsvolle Cafés und Restaurants untergebracht.

In 1617 King Christian IV of Denmark earmarked the site for a new town in the midst of a "wilderness enclosed by dykes," and made Fortuna, the goddess of good fortune, part of the coat-of-arms of the newly founded town. Glückstadt ("Glück" is German for "good fortune") was intended as a rival to powerful Hamburg. Although it did not come to that, despite the chaos of war the "royal town" lived up to its name. Along with the port area and two stately palaces it is above all the market square that makes a grand entrance. The streets run off it in star formation, while Baroque and Classicist facades are picturesquely illuminated by historic street lamps. Many of the buildings round the market square house cafés and restaurants full of atmosphere.

Im Namen der Rose: Klima und Boden machen es der Königin der Blumen leicht, in üppiger Fülle zu blühen. Berühmt sind die Rosenschulen in Uetersen und Sparrieshoop bei Elmshorn, doch auch in den Elbmarschen finden sich in vielen Dörfern gut geführte Rosenschulen. Wer durch das Land mit den großen Höfen fährt, ist immer wieder überrascht, mit welcher Hingabe die Menschen hier ihre Gärten pflegen.

In the name of the rose: climate and soil make it easy for the queen of flowers to bloom in luxuriant abundance. The rose nurseries in Uetersen and Sparrieshoop near Elmshorn are well known, but there are well-run rose nurseries in many villages in the Elbe marshes too. Travelling through the countryside with its large farmsteads, you are surprised time and again by the tender loving care people here give to their gardens.